clave

Brian Tracy es el presidente de Brian Tracy International, una compañía de desarrollo de recursos humanos con sede en Solana Beach, California. Ha escrito 70 libros y desarrollado más de 800 programas de entrenamiento en audio y vídeo. Sus materiales han sido traducidos a 40 idiomas y utilizados en 64 países.

Brian ha sido consultor de más de 1.000 empresas y es uno de los mejores conferenciantes e instructores del mundo. Imparte cursos a más de 250.000 personas cada año sobre temas de liderazgo, estrategia, ventas, desarrollo personal y éxito empresarial. Ha dado más de 5.000 conferencias y seminarios a 5 millones de personas alrededor del mundo, brindando una mezcla única de humor, perspicacia, información e inspiración. Ha publicado, entre otros, *Si lo crees, lo creas*, junto con la psicoterapeuta Christina Stein; *Habla menos, actúa más*; *Conecta con los demás*; *Conecta con el dinero*; *Multiplica tu dinero*; *Emprende tu propio negocio*, y *El plan Fénix*.

Para más información, visita la página web del autor:
www.briantracy.com

También puedes seguir a Brian Tracy en sus redes sociales:
Brian Tracy
@BrianTracy
@thebriantracy
Brian Tracy

BRIAN TRACY

¡Manos a la obra!

Recupera el control de tu tiempo
y tu vida

Traducción de
Alejandra Ramos

DEBOLS!LLO

Papel certificado por el Forest Stewardship Council®

MIXTO
Papel | Apoyando la silvicultura responsable
FSC® C117695
FSC
www.fsc.org

Penguin Random House Grupo Editorial

Título original: *Get it Done Now! Own Your Time, Take Back Your Life*

Primera edición: enero de 2025

Diseño de la cubierta: adaptación de la cubierta original de Penguin Random House - Amalia Ángeles / Penguin Random House Grupo Editorial

Printed in Spain – Impreso en España

ISBN: 978-84-663-7920-5
Depósito legal: B-19.334-2024

Impreso en Novoprint
Sant Andreu de la Barca (Barcelona)

P 3 7 9 2 0 A

Índice

INTRODUCCIÓN

La cita: "Mata de hambre a tu distracción y alimenta a tu concentración" suele atribuírsele al más famoso de los seres humanos, el señor anónimo, y a mí me parece una sugerencia perfecta para dar inicio a este libro.

A pesar de que vivimos en el periodo de mayor avance tecnológico en la historia, el desafío de continuar siendo productivos a un punto óptimo nunca había sido tan fuerte. ¿Cómo es eso posible?

A pesar del arribo de los teléfonos celulares, las extraordinarias aplicaciones, las velocidades de internet de banda ancha capaces de dejarnos pasmados, y de casi cada diminuto fragmento de información, producto o solución disponible a sólo un clic de distancia, ¿cómo es posible que mantenerse al nivel más alto de productividad sea un desafío para tanta gente? ¿Cómo es posible que todas estas herramientas tecnológicas no nos hayan liberado de las dificultades cotidianas, para que podamos enfocarnos en los asuntos más importantes de nuestra vida profesional y personal?

Esta pregunta se puede responder con una sola palabra: distracción. La maravillosa tecnología viene con un lado oscuro y, por desgracia, muchos pasamos tiempo valiosísimo enfocándonos justo en lo incorrecto. Esto va más allá de los datos triviales, los chismes, los supuestamente urgentes encabezados de los periódicos, y cosas similares. Me refiero a los incesantes y numerosos correos electrónicos, mensajes de texto, notificaciones y anuncios que parecen relevantes, incluso urgentes, pero que en realidad sólo nos complican la vida y nos alejan aún más de nuestras metas.

Si tú eres como la mayoría de la gente en la actualidad, seguramente te sientes abrumado por todo lo que tienes que hacer y el poco tiempo para lograrlo. Mientras te esfuerzas por ponerte al día, las nuevas tareas y responsabilidades continúan llegando como marejadas. Debido a esto, nunca podrás hacer todo lo que tienes pendiente. Nunca te pondrás al día. Siempre estarás rezagado en algunas de tus tareas y responsabilidades, quizás en muchas. Por eso, tal vez más que nunca, tu habilidad para elegir en cada momento la tarea más importante, iniciarla, y terminarla bien y rápido, sea lo que más tenga impacto en tu éxito. Por encima de cualquier otra cualidad o habilidad que puedas desarrollar.

En este libro hablaré de una variedad de técnicas mentales, habilidades y estrategias que te permitirán elegir la tarea más significativa en cada momento, y lograr terminarla en el plazo fijado. Aprenderás algunos de los métodos para ahorrar tiempo más importantes jamás concebidos; cómo organizarte de manera perdurable; por qué deberías planear todos tus días con anticipación; la diferencia entre el tipo negativo de postergación que debe evitarse y la procrastinación creativa; consejos de productividad para tu lugar de trabajo y el hogar, y muchos recursos más.

Aquí descubrirás que detrás de la productividad hay una verdadera ciencia, una ciencia que ha sido probada una y otra vez durante décadas. También verás que existen publicaciones esenciales al respecto como *El ejecutivo eficaz* (*The Effective Executive*) de Peter Drucker, o mis propios libros: *Time Power* y *Tráguese ese sapo* (*Eat That Frog*).

Hoy en día tenemos la información más sofisticada respecto al manejo del tiempo y la productividad, y también contamos con los detalles sobre la manera en que, a diferencia de lo que se cree, la gente en realidad ocupa su tiempo en el lugar de trabajo. Aquí conocerás algunos de estos hallazgos y te aseguro que te asombrarán.

El objetivo de este libro es darte a conocer muchos de los hechos verificados respecto a la productividad; eliminar los mitos y las teorías incompletas, y entregarte valiosas ideas para que puedas influir más en tu propia vida y en la de tus seres queridos.

CAPÍTULO UNO

Productividad: promesas y obstáculos

La productividad es la habilidad de proveer resultados que ayuden y cambien la vida de otras personas, pero también implica ayudarles a que generen resultados a su vez. La gran tragedia de la actualidad es que la gente estudia lo menos posible: toma los cursos más sencillos que encuentra, obtiene calificaciones promedio o sólo suficientes para pasar, y no actualiza de manera constante su capacidad para obtener los resultados que los otros están dispuestos a pagar.

Con este libro deseo ofrecerte herramientas físicas y mentales que te sirvan para obtener mejores resultados, más rápido. De esta manera ganarás más dinero, recibirás ascensos en menos tiempo y, lo mejor de todo, te sentirás increíble respecto a ti mismo. No debes ser productivo sólo por dinero o para complacer a tu jefe; debes ser productivo porque te hará sentir feliz.

Lo que queremos es producir resultados para otros. Hace muchos años un antiguo conocido mío, el maestro de la motivación Earl Nightingale, dijo que tus recompensas en la vida son directamente proporcionales a los resultados que produzcas para otras personas. Siempre recibimos lo que nos corresponde, dijo, uno nunca obtiene ni más ni menos de lo que merece. Mucha gente arruina su vida porque trata de conseguir más de lo que invierte. Earl dijo que la palabra inglesa *deserve*, que en español significa merecer, proviene del latín *deservire* que, a su vez, viene de *servire*: servir. Lo que obtienes es resultado de servir a otros de alguna manera.

La gente me pregunta: "¿Cómo puedo ganar más dinero? ¿Cómo puedo avanzar más rápido?"

Mi respuesta es: "Debes enfocarte en un solo pensamiento todo el día, todos los días: servir mejor a otras personas, actualizar tu conocimiento y tus habilidades para que le puedas ayudar a la gente a alcanzar sus metas, a cumplir sus promesas, a superar sus obstáculos y a resolver sus problemas. Siempre debes pensar en servir a otros". Eso es productividad.

Muchos creen que el trabajo es un castigo que uno tiene que soportar para salir adelante en la vida. La gente que supone esto siempre está en el sector económico más bajo de la sociedad. Ganan menos que otros, con frecuencia están desempleados, y rara vez obtienen un ascenso. El hecho es que el trabajo es lo que nos llena como individuos. Nuestra misión es encontrar el tipo de trabajo que más nos guste.

Hace muchos años Napoleon Hill, autor de *Piense y hágase rico*, dijo que si encuentras un empleo que te encante no volverás a trabajar en tu vida. Una de tus responsabilidades más importantes consiste en tener grandes sueños y amar lo que haces. Es tu deber.

Cuando yo era ejecutivo la gente se acercaba a mí y me decía: "Tengo 35 años, y no estoy yendo a ningún lugar en mi vida. ¿Me puede ayudar? ¿Me puede guiar? ¿Me puede aceptar en su compañía y brindarme el entrenamiento y el apoyo que necesito para hacer un buen trabajo y recibir un salario?"

Yo contestaba: "El único que puede hacer esto por usted, es usted mismo". Es como ser un buen padre: no es una tarea en la que puedas subcontratar a alguien. Eres sólo tú, cara a cara, frente a frente, hombro con hombro, y de corazón a corazón con los miembros de tu familia. Sólo tú puedes ser un buen cónyuge, o un buen padre o madre.

No hay otra manera de hacerlo.

Por lo tanto, tu misión es encontrar algo que disfrutes hacer. Si pudieras hacer cualquier cosa en el mundo que desearas tener como trabajo, ¿qué sería?, ¿y qué tan distinto sería de lo que haces ahora? Si no trabajas en lo que amas, tienes que dar un paso atrás y decir: "Si no amo esto, ¿qué sí me *encantaría* hacer?"

Mucha gente dice: "No amo mi trabajo; debería buscar algo distinto". No, espera. Sólo puedes amar tu empleo y ser productivo en él si te dedicas a algo en lo que eres bueno. Por esta razón, tu misión es volverte muy competente en lo que realizas. Nunca renuncies a tu empleo sólo porque eres mediocre. A veces basta dar un paso más allá para tener un logro y hacer bien tu labor. De repente se encienden todas las luces, te sientes feliz y esperas con ansia llegar a tu trabajo.

La gente exitosa siempre es disciplinada. Son personas que se obligan a empezar temprano, trabajar con más ahínco, quedarse hasta más tarde y producir más. De hecho, si quisieras que *no* trabajaran y que hicieran labores que a otros les parecen divertidas, tendrías que obligarlos porque su ocupación es su manera de sentirse plenos. Su labor y su habilidad de producir resultados es lo que los hace sentirse felices de estar vivos.

Permíteme contarte un poco sobre mi experiencia personal. Cuando comencé en el área de ventas me levantaba a las 6:00 o a las 6:30 de la mañana, y me iba a trabajar a las 7:00 o 7:30. Tocaba puertas. Como no tenía automóvil, tenía que tomar un autobús para ir a la ciudad y ahí tocaba puertas durante horas. Por las tardes tocaba puertas en los vecindarios, en los departamentos y en las casas.

Mi primera venta, que fue más bien modesta, no la hice sino hasta 30 días después de que comencé a vender. Luego de eso empecé a hacer una o dos ventas por semana. No ganaba mucho; tenía que batallar. Descubrí que cuando no eres muy hábil en lo que haces te relacionas con gente similar en este aspecto y poco después desarrollas una visión del mundo que te hace pensar que la situación en verdad es así: a nadie le va bien, las ventas son difíciles y el camino será complicado.

Tiempo después le pedí a un vendedor exitoso que me diera un consejo. Él ganaba 10 veces más que cualquier otro vendedor de nuestra empresa. Ganaba más, pero ni siquiera parecía trabajar demasiado. Comenzaba a las nueve de la mañana y acababa a las 5:00 o 5:30 de la tarde. Iba a buenos restaurantes y tenía los bolsillos llenos de dinero. Mientras tanto, ahí estaba yo trabajando, esforzándome y tomando el autobús.

—Bien —dijo él—, ¿has leído algún libro sobre ventas?

Soy lector y me gusta leer, pero en ese momento no estaba muy informado al respecto, así que le pregunté:

—¿Hay libros sobre ventas?

—Claro —contestó—, algunos de los mejores vendedores del mundo han escrito libros geniales.

No podía creerlo. Fui de inmediato a la librería. Había decenas y decenas de libros sobre ventas escritos por vendedores de alto nivel que habían pasado de la pobreza a la riqueza. Así compré mi primer libro sobre cómo vender.

Lo abracé contra mi pecho y me lo llevé a casa. Se llamaba *Cómo vender más rápido* o algo así. Lo llevé conmigo y lo leí.

Aquel hombre tenía 30 años de experiencia; era alguien que había trabajado desde abajo hasta alcanzar el puesto de administrador *senior* desde donde reclutaba, entrenaba y manejaba a grandes equipos de ventas, y me estaba diciendo cómo lo hizo.

¿Dónde empiezas? ¿Con quiénes te pones en contacto? ¿Cómo ubicas a los posibles compradores? ¿Qué les dices cuando te encuentras con ellos? ¿Cómo das seguimiento? ¿Cómo te posicionas frente a tus competidores?, etcétera.

No podía creerlo. Sentí que había muerto y llegado al cielo. Empecé a leer con voracidad y mis ventas aumentaron poco a poco. Me sentía más feliz. El dinero comenzó a llegar y la gente me miraba como si estuviera fumando algo especial o bebiendo algún tipo de elíxir.

Entonces me dije a mí mismo: *De todas las habilidades de ventas que necesitaría para ser más exitoso, ¿cuál será la más importante?* Claro: cómo cerrar la venta.

Ya no tenía miedo de tocar a las puertas y conversar con la gente. A veces hablaba demasiado y lo hacía muy rápido. Después aprendí que cuando te encuentras con un cliente no debes hablar y hablar. Debes hacer preguntas y escuchar con atención las respuestas. Lo que buscas es la manera de ayudarle a ese cliente a mejorar la calidad de su vida o trabajo.

Continúas haciendo preguntas y luego le muestras al cliente que tu producto o servicio sería ideal para él o para ella. Le muestras la manera en que podrías ayudarle a obtener mejores resultados, ser más productivo o sacarle más jugo a la vida y obtener más ingresos a través de su empleo o su negocio.

Entonces me di cuenta de que el cierre de la venta era el punto clave. Yo podía llegar hasta el punto final, pero luego me quedaba paralizado, como un venado mirando de frente los faros de un automóvil que se acerca.

Por eso dije: "De acuerdo, voy a aprender a cerrar ventas". Fui a la librería y reuní todos los libros que pude sobre este tema. Los llevé a casa y estudié el procedimiento durante horas cada noche, cada mañana y los fines de semana.

En menos de un mes mis ingresos se habían cuadriplicado o quintuplicado. En menos de un año eran 10 veces mayores gracias a que aprendí distintas maneras de solicitarle al cliente que efectuara la orden. Ninguna de esas maneras implicaba manipular, presionar intensamente ni incomodar a la persona. Sólo eran maneras útiles e inteligentes de formular preguntas para ayudarle a la persona a tomar una decisión de compra.

Luego empecé a enseñarles a otros lo que había aprendido, y sus ventas aumentaron sin parar. Pasé a ser gerente de ventas y empecé a reclutar a otros vendedores. Les enseñé los procesos básicos del oficio y les mostré cómo solicitar la orden. Me parece que al ayudarle a la gente a vender bien y gestionar el pedido logré crear a lo largo de los años más millonarios que cualquier otra persona. Mis libros han sido traducidos a entre 30 y 40 idiomas. Han sido utilizados por millones de vendedores. Mi amigo Vic Conant, de la empresa de audio Nightingale-Conant, me dijo que habían hecho una encuesta y descubrieron que más gente se había vuelto millonaria usando mi información sobre ventas por encima de cualquier otro material. No me sorprende porque mi material fue lo que me hizo millonario.

A ti también te va a funcionar. Y aquí hay algo más: *todas las habilidades de ventas se pueden aprender.* Las personas más capaces en el área de ventas te dirán que eran terribles cuando empezaron. No podían vender. Se morían de hambre. Vivían en su automóvil o dormían en el suelo, en el departamento de algún amigo.

Luego aprendieron y desarrollaron la habilidad. Tú puedes dominar cualquier competencia que otros hayan aprendido. Ésta es una de las situaciones más maravillosas respecto a la productividad: tienes la capacidad de ser entre cinco y 10 veces más productivo de lo que eres hoy, y las habilidades que necesitas son muy sencillas y claras. ¿Cómo lo sabemos? Porque estás rodeado de personas que ganan mucho más que tú. Cuando comenzaron ganaban mucho *menos*, pero aprendieron algunas de las habilidades sobre las que hablaré en este libro. Las aprendieron y las practicaron sin cesar.

Todo es difícil al principio, pero cuando te empeñas se vuelve sencillo y automático. Ahora haremos que la productividad sea sencilla y automática.

Si hoy me ofrecieras mil dólares por trabajar para ti, tendría que negarme. Te diría: "Lo lamento. Yo sólo reservo mi tiempo por mucho más que eso. Me gustaría ayudarte, pero no trabajo por esa tarifa". En algún momento, en mi primer trabajo me pagaban 1.12 dólares la hora. Si me hubieras ofrecido cinco, te habría preguntado: "¿A quién tengo que matar para que me pagues esa cantidad?"

Hoy no aceptaría mil. Sé que hay muchísimas personas para las que mil dólares la hora no resulta interesante porque ganan muchísimo más, sin embargo, al principio no tenían nada porque comenzaron desde abajo.

Lo más importante es tomar la decisión. Tomar la decisión de cuánto dinero quieres ganar. Tomar la decisión sobre qué vas a hacer para ganar esa cantidad. Tomar la decisión sobre qué habilidad vas a tener que dominar. Tomar la decisión sobre cómo vas a organizar tu tiempo y tu vida para obtener los resultados que harán que la gente esté feliz de pagarte las cantidades que deseas ganar.

En su libro *Grit*, Angela Duckworth dice que la cualidad más importante de la gente exitosa es la determinación. No importa a cuántas decepciones se enfrente, siempre se pone de pie por sí sola y continúa trabajando. Sólo continúa empujando y avanzando las 24 horas, todos los días. No importa cuántas veces se enfrente a obstáculos, siempre se recupera. De la misma manera, la gente exitosa elige habilidades que necesita dominar y las practica de manera deliberada todo el tiempo. Uno de los secretos del éxito de los millonarios y los multimillonarios que amasaron sus fortunas por sí mismos es que empezaron desarrollando una habilidad a la vez.

Además, todos estos millonarios se levantan temprano por la mañana. Es algo con lo que te encontrarás de manera recurrente: la gente exitosa se levanta a las 5:00 o 6:00 de la mañana. El millonario promedio, entre los que alcanzaron el éxito por cuenta propia, se levanta antes de las 6:00 a.m.

Yo tomé esta decisión hace años. Establecí mi reloj mental, y también puedo ver el despertador desde la cama. En cuanto faltan cinco minutos para que sean las 6:00 me levanto. Lo hago y me empiezo a mover, casi como si se estuviera incendiando la casa. Me levanto, comienzo a espabilarme e inicio el día con ejercicio físico. Como vivo en el área de San Diego, la mayor parte del año puedo despertarme, ir a la planta baja, lanzarme a la piscina y nadar de un extremo a otro 10 o 20 veces.

Cuando estaba comprando casa, hace muchos años, quería una que tuviera una piscina en la que pudiera hacer 10 brazadas consecutivas. Vi muchas y finalmente encontré ésta; caminé junto a ella, de una esquina a otra, y constaté que había que dar 10 pasos largos.

Así pues, me lanzo y hago el equivalente a 50 brazadas: cinco series de un extremo a otro. Después de dar 50 brazadas estás completamente despierto. No han pasado ni 20 minutos y tú ya estás cargado de energía para todo el día.

Luego, la gente adinerada estudia entre 60 y 90 minutos. Son muy conscientes respecto a la importancia de estudiar todo el tiempo. Siempre están leyendo. ¿Quién crees que compra y lee todos estos libros? ¿La gente pobre? No.

Si entras a la casa de una persona rica verás libros en todos lados. Hace tiempo estaba hablando con un exitoso agente de bienes raíces que vende costosas mansiones en vecindarios muy caros. Me dijo que cuando le muestra una casa a una pareja, la mujer pregunta dónde están la sala y la cocina, y el hombre pregunta dónde está la sala de estar privada, el estudio y la oficina. Se dio cuenta de que cuando la gente rica compra casas necesita espacios para sus libros porque tiene muchos. Necesitan una biblioteca. Una de las cosas más atractivas que podrías hacer en una casa para venderla a gente rica sería poner una biblioteca: hileras y más hileras de entrepaños vacíos para colocar libros.

Mi fallecido amigo Jim Rohn, orador de actividades empresariales, en una ocasión dijo que si entras a los hogares de la gente rica puedes ver libros por todos lados. Cuando vas adonde viven personas pobres encuentras la televisión más grande que se pudieron pagar, pero nada de libros. Porque simplemente no leen.

Mucha gente rica crea un espacio específico para la televisión. Tengo un buen amigo que tiene una casa hermosa, el autor Robert Allen. Robert tiene un teatro completo para ver televisión, pero para llegar ahí tienes que levantarte e ir de un lado al otro de la casa y luego bajar. Diseñó su teatro así para dificultar el ver televisión sin pensárselo demasiado.

No te facilites las distracciones; no permitas que sea sencillo oprimir un botón cuando regresas a casa por la noche, cuando te levantas en la mañana y los fines de semana. La persona rica promedio ve televisión, quizás, entre una hora y hora y media al día. En comparación, la gente pobre promedio la ve entre cinco y siete horas diarias.

¿Qué hace esta gente si no está viendo televisión? Pasa tiempo con su familia, habla con su cónyuge, habla con sus hijos. Los niños desarrollan su personalidad, su autoestima y la confianza en sí mismos de manera proporcional al tiempo que sus padres pasan hablando con ellos, haciéndoles preguntas y escuchándolos hablar. Es algo esencial.

En los mejores matrimonios, la pareja llega a casa en la noche, a lo que llaman la *hora del poder*, y hablan entre sí. Uno no debe llegar a preguntar: "¿Dónde está el control?", y correr a ver televisión el resto de la noche.

Éstos son algunos de los hábitos de la gente rica: construye relaciones con su familia de manera continua y aprende todo el tiempo. Lee todo el tiempo.

Mi esposa y yo tenemos cuatro hijos. Todos ellos tienen pilas de libros, libreros y bibliotecas. Leen todo el tiempo. A veces parece que han leído más que yo, y eso que soy un lector voraz. No leo menos de tres horas al día, y a veces más.

Éstos son algunos de los hábitos de la gente rica. Si quieres tener éxito, si quieres ser rico, haz lo mismo que los ricos. Si quieres ser pobre, haz lo que hace la gente pobre.

Napoleon Hill escribió el libro más exitoso de la historia respecto a la generación de la riqueza: *Piense y hágase rico*. Posiblemente produjo más millonarios que cualquier otro escritor en la historia. A Napoleon, por cierto, lo llamaban el "creador de millonarios" porque ése era su objetivo. Puso todo en un sistema, y luego la gente sólo lo tomó como si fuera una receta de cocina y lo reprodujo hasta dominarlo.

Yo no soy buen cocinero, pero hay ciertos platillos que puedo cocinar muy bien. Hace poco alguien me preguntó por qué era tan bueno para cocinar dichos platillos y contesté que era porque practico una y otra vez. La primera vez que los preparé no supieron para nada bien, pero algunas semanas o meses después llegué a un punto en el que no sólo sabían bien, también podía prepararlos sin siquiera pensar en ello. Puedo cocinar estos platillos de manera automática y son absolutamente deliciosos gracias a que he practicado.

En cierto momento no tenía habilidad alguna para cocinar, pero ahora la tengo. En cierto momento no tenía habilidad alguna para vender, pero ahora la tengo. Les he enseñado a vender a más de dos millones de personas en 83 países.

La gente me dice: "Cambiaste mi vida, me volviste rico. No me había dado cuenta de que uno podía dominar la habilidad de vender. Pensé que sólo tenía que salir, tocar puertas, esperar encontrar a alguien que necesitara mi producto y hablar con esa persona. No sabía que era una ciencia, un arte, que se necesitaba practicar".

Napoleon Hill continuó su investigación y escribió otro libro llamado *The Master Key to Riches*. Escribió muchos libros, pero éstos son los dos más importantes. *The Master Key to Riches* tiene unas 250 páginas, y en el último renglón del último párrafo, del último capítulo, dice: "La clave de la riqueza es la disciplina personal".

La gente tiene éxito porque es sumamente disciplinada. Yo escribí uno de los libros de mayor venta en el mundo respecto a este tema. Se llama *No Excuses: The Power of Self-Discipline*. En todo el mundo la gente se forma con un ejemplar del libro en su idioma para que se lo autografíe.

He estudiado este tema de manera exhaustiva y descubrí que si tienes disciplina puedes lograr casi cualquier objetivo. Si no, no consigues nada. La gente logra cosas extraordinarias aun estando rodeada de distracciones y aparatos porque se ha disciplinado y se ha obligado a sí misma a dejar estos artefactos apagados.

Una de las claves para el éxito en la actualidad es hacer a un lado los aparatos electrónicos. Si están encendidos, apágalos. Si tienes que revisar tu correo electrónico, hazlo dos o tres veces al día. Ábrelo, revísalo, sal de ahí y apaga el aparato porque es un distractor demasiado fuerte. Cuando suena la notificación de tu correo electrónico no tienes la fuerza de voluntad para resistir y no saltar y ver lo que acaba de llegar. Es como un reflejo de la rodilla. Le llaman *efecto de la máquina tragamonedas*. El correo electrónico de la máquina tragamonedas suena, y la gente que está ahí sentada piensa: "¡Ah! ¿Qué gané? Debo haber ganado algo". Corre de inmediato a su computadora para revisar el correo electrónico. Si es basura, dicen: "Ay, demonios". Envían el correo a alguien más y hacen que suene la campana de esa persona. Y así las cosas van y vienen: *ring, bing, ring, bing*.

A la persona promedio le toma 17 minutos volver a trabajar después de que un correo electrónico o mensaje de texto la distrajo. A algunos les toma más y a otros menos; otros no vuelven nunca a su labor. Se distraen a las 11:00 de la mañana y se hacen cargo del correo electrónico. Ahora son las 11:17 y dicen: "Vaya, ya casi es hora del almuerzo. No tiene caso volver al trabajo. Lo haré después de comer algo". Van a buscar a alguien con quién almorzar. Salen, comen, regresan y deciden: "Llegó la hora de reconstruir mis relaciones con mis compañeros de trabajo", así que deambulan por ahí hablando, haciendo llamadas por celular y enviando correos electrónicos.

Por todo esto, mejor deja los aparatos por la paz. Ten la disciplina necesaria para apagarlos.

CORREO ELECTRÓNICO: EL POSTRE LABORAL

A la gente le cuesta mucho trabajo manejar su correo electrónico. Algunas personas tienen miles de mensajes en su bandeja. En lo personal, yo la limpio al principio de la jornada y luego me enfoco en mis tareas todo el día.

Hay una técnica que consiste en disciplinarte y realizar tu tarea más importante a primera hora de la mañana, antes que cualquier otra cosa, y luego premiarte por completar la tarea con un vistazo a tu correo electrónico. Revisarlo es una especie de postre laboral. A la gente le encanta.

Mantén tu dedo en el botón para eliminar. No permitas que te controle la gente que te envía correos misceláneos. A mí me llegan todos los días, a todos les pasa. Son muy tentadores. Tienen frases atractivas, beneficios potenciales y todo lo demás, pero lo que tienes que hacer es eliminar, eliminar, eliminar. No te permitas caer en la trampa.

Hace años una amiga mía, Julie Morgenstern, escribió un gran libro: *Never Check Email in the Morning*. Dianna Booher, otra amiga mía, escribió *Get Over Email Overload*, un libro acerca de cómo manejar tu correo para que te sea útil, no para que te maneje él a ti.

Hay muchos trucos, ya mencioné algunos. Para la gente que sigue estas reglas, los correos electrónicos no significan nada. Los revisan dos o tres veces al día y saben exactamente cómo lidiar con ellos. Los archivan si es necesario, los completan si es necesario, y luego continúan realizando el resto de su trabajo.

Te repito que la disciplina lo es todo. Elbert Hubbard, uno de los más grandes pensadores estadounidenses del último siglo, dijo: "La autodisciplina es la llave del éxito". Según Elbert, "la autodisciplina es la habilidad de obligarte a hacer lo que deberías en el momento que deberías, tengas ganas de hacerlo o no".

Insisto: *tengas ganas o no.* La gente puede hacer cualquier cosa si quiere. Puede comer comida apetitosa, beber una bebida deliciosa. Puede escuchar música. Puede conversar con sus amigos. Puede hacer actividades divertidas y sencillas en lugar de tareas arduas y valiosas.

Tu misión es practicar la autodisciplina. Cada acto de disciplina exige persistencia, y cada acto de persistencia sirve para construir tu autoestima. Te hace sentir más fuerte y feliz respecto a ti mismo. Los psicólogos le llaman a esto *noción de control.* Sólo te sientes feliz cuando tienes el control de tu vida, cuando controlas tu vida y tu trabajo.

Si tomas la decisión de iniciar y terminar una tarea, necesitarás disciplina para comenzar y persistencia para continuar, pero una vez que la hayas completado te sentirás maravilloso.

Para crear un hábito necesitas realizar una acción, recibir retroalimentación positiva respecto a esa acción y volver a ejecutarla. Luego la repites hasta que se vuelva sencilla y automática. El punto de inicio para desarrollar la disciplina consiste en crearse el hábito positivo de iniciar y terminar tus tareas.

Otro método que me ha sido de ayuda en lo personal es escribir los pendientes. La gente exitosa que conozco en todo momento tiene algo en qué escribir, ya sea una libreta pequeña o una grande, y siempre lo traen consigo.

Vic Conant es un ejemplo de ello. Sin importar adónde fuera, siempre llevaba su libreta de anotaciones. En cuanto empezabas a hablar, él la abría y te escuchaba. Escuchaba a los meseros, a su secretaria, a toda la gente. Y cada vez que decías algo que pudiera ser valioso, tomaba notas. Vic se convirtió en uno de los hombres de negocios más exitosos de Estados Unidos y es una de las mayores influencias en el mundo de la grabación de audio y las ventas. Llegó ahí a través de la práctica de la autodisciplina.

ADMINISTRACIÓN DEL TIEMPO

La productividad también requiere planeamiento y organización. Esto significa que debes trabajar todo el tiempo que trabajas: una idea con la que casi nadie está familiarizado.

La mayoría de la gente realmente no empieza a trabajar sino hasta las 11:00 a.m. porque lo primero que hacen al llegar a la oficina es encontrarse con sus amigos y saludarlos. "¿Cómo estás? ¿Viste tal cosa en televisión? ¿Qué piensas sobre esto y aquello?" Finalmente, alrededor de las 11:00, se dan cuenta de algo: "¡Vaya, casi es hora del almuerzo! Más vale que comience a trabajar un poco".

Trabajan un rato y después se van a almorzar. Luego, no regresan sino hasta como las 3:00 p.m. Entonces, alrededor de las 3:30 o las 4:00, se dicen: "Pues no tiene caso empezar a trabajar en nada hoy", y deciden no realizar ninguna tarea.

¿Has notado que cuando sales del trabajo y vas a casa a las 4:30 las calles están repletas? Son personas que aún no han terminado su jornada. ¿Cómo es posible que estén ahí en la calle? Se supone que deberían estar trabajando, ¿por qué están en las avenidas?

Yo no me gradué de la preparatoria. Terminé mis estudios formando parte de la mitad del grupo que hace posible que la otra mitad exista. El único empleo que pude conseguir fue lavando trastes en la parte trasera de un pequeño hotel. Después de eso lavé automóviles y luego pasé a fregar pisos con un servicio de limpieza. Pensaba que mi futuro sería lavar cosas. Dormía en mi automóvil. Dormía en el suelo de los departamentos de una sola habitación de mis amigos. Dormía en el sótano de la casa de mis padres a pesar de que no me querían ahí.

Luego empecé a preguntarme por qué algunas personas eran más exitosas que otras y comencé a investigar. Leí que Aristóteles era el filósofo más importante de la historia y que tenía reflexiones muy profundas sobre el éxito.

Aristóteles dijo que los seres humanos eran criaturas de hábitos. Todo lo que haces o dejas de hacer es resultado de los hábitos que desarrollaste al principio de tu vida. El papel de los padres consiste en criar hijos con buenos hábitos. Críalos con buenos hábitos y tendrán un buen carácter. Lo cual nos lleva al tema que vamos a tratar: eres quien eres y estás donde estás debido a tus hábitos. Mi amigo Ed Foreman, orador motivacional, solía decir: "Fórmate buenos hábitos y permite que ellos dirijan tu vida en lugar de permitir que los malos hábitos te formen a ti y socaven tu carácter". Por todo esto, tu objetivo principal en la vida debe ser desarrollar prácticas positivas.

Cuando empecé a estudiar el éxito personal descubrí que todo se basa en el desarrollo de nuevos hábitos, lo cual toma cerca de 21 días de repetición. Debo decir que esto no es estrictamente cierto porque a veces puedes desarrollar un hábito de una sola vez, porque sucede algo que cambia tu mentalidad para siempre. En el caso de los otros hábitos, como dejar de fumar, cambiar de régimen alimenticio para perder peso, se requiere más tiempo. En la mayoría de los casos es necesario repetir de manera constante, una y otra vez. En algún momento se establecerá el hábito.

Uno de los hábitos más importantes es trabajar todo el tiempo que trabajas. Cuando somos niños y vamos a la escuela asociamos esta actividad con jugar con nuestros amigos. Vamos al jardín de niños o estamos en primer grado. Al principio tenemos un poco de miedo, pero luego descubrimos que ahí es donde se encuentran nuestros amigos y por eso jugamos con ellos. Sentimos deseos de ir a la escuela porque ésta se convierte en nuestro lugar principal de juego en la vida.

Luego crecemos y jugamos de maneras distintas. Jugamos juegos de adultos y vamos a eventos deportivos, pero todo sigue siendo parte de jugar con nuestros amigos. Hacemos sólo la tarea necesaria para que no nos expulsen y nos permitan seguir asistiendo a la escuela, pero básicamente lo vemos como un tiempo para jugar.

Cuando salimos de la escuela y conseguimos nuestro primer empleo, nos volvemos a sentir nerviosos y temerosos. El primer día en el trabajo suele ser uno de los más aterradores de nuestra vida. Vamos a la oficina, estamos nerviosos y miramos alrededor. Vemos mucha gente de nuestra edad; todos parecen más o menos amistosos. ¿Qué haces cuando entras en contacto con gente de tu edad? Al igual que en la escuela, te pones a jugar.

La oficina se convierte en tu lugar principal de juego. Vamos al trabajo y, como ya desarrollamos un hábito, jugamos con nuestros amigos. Tenemos que realizar cierta cantidad de trabajo porque de lo contrario no nos dejarán volver. Te pueden despedir y entonces ya no tendrás empleo. Por eso haces lo estrictamente necesario para poder ir a la oficina a jugar con tus amigos. Tienes ganas de verlos, de ir a algún lugar después del trabajo y de que empiece el fin de semana.

Lo más importante es desarrollar el hábito de trabajar todo el tiempo que te dispongas a hacerlo. Sólo repítete que tu lugar de trabajo no es para jugar sino para laborar. Cuando entras por la puerta a las 8:30 o antes, tu misión es entregarte: comenzar a trabajar y cumplir con esto y hacerlo todo el día.

Si alguien quiere hablar contigo, dile: "Me encantaría conversar contigo, pero hagámoslo después del trabajo. Hablemos a la hora del almuerzo" o "Me encantaría platicar contigo ahora, pero tengo pendientes que terminar lo antes posible. Mi jefe espera este trabajo".

Verás que nadie te impedirá trabajar, sólo te dirán: "De acuerdo, hablaremos más tarde". Con el tiempo te dejarán en paz porque no eres divertido, porque no quieres jugar en la oficina.

Tu misión es trabajar todo el tiempo que trabajas.

Hay otro hábito importante que puedes desarrollar: *terminar tus tareas*. Ésta es la clave de la alta productividad. Trabaja todo el tiempo dispuesto para ello y termina tus tareas. En cuanto inicies una, enfócate y entrégate a ella. Trabaja hasta completarla.

Una de las mayores fuentes de estrés de la actualidad radica en lo abrumados que nos sentimos por el trabajo que no hemos concluido, así que establece prioridades: "Si tan sólo pudiera terminar una tarea por día, ¿cuál tendría el mayor efecto positivo en mi carrera? ¿Cuál ayudaría más a mi empresa o mi negocio?" Sea cual sea la respuesta, elige esa tarea, iníciala y ocúpate de ella hasta finalizarla.

Ahora te revelaré algo maravilloso: terminar una tarea aumenta tu autoestima y tu confianza en ti mismo. Te gana el respeto y la admiración de otros. Es la clave de los ingresos altos, de mejores oportunidades, de más empleos y responsabilidades. Todo en el mundo laboral depende de completar las tareas. No se trata de iniciar el trabajo sino de finalizarlo.

Siempre piensa en términos de completar tareas. Es algo muy parecido a participar en una carrera y llegar en primer lugar. Si corres y cruzas la meta en primer lugar, ¿en qué te convertirás? En el ganador. Eso es.

Cuando terminas una tarea te sientes como el ganador. Nadie tiene que competir contigo, el simple hecho de completar algo te hace sentir vencedor. Tu autoestima crece. Tu energía aumenta. Te sientes feliz. Las personas a tu alrededor, en especial quienes pueden tener un mayor impacto en tu carrera, te sonríen. Les simpatizas. Cuando no estás escuchando, dicen cosas como: "Si quieres hacer algo y completarlo, pídeselo a esta persona, porque si le das una misión la cumplirá. Martillará y martillará. Se quedará hasta tarde, llegará temprano y trabajará los fines de semana, y completará la tarea".

Cuando empecé a trabajar desarrollé el hábito de terminar mis tareas. A veces me quedaba en la oficina hasta muy entrada la noche, toda la semana. En una ocasión, cuando trabajaba para una empresa de rápido crecimiento con 200 negocios subsidiarios, un jefe importante me asignó una misión el viernes.

—Esta evaluación es importante para mí. Te estaría muy agradecido si pudieras hacerla y escribir un reporte —dijo.

—De acuerdo —contesté.

Como era viernes por la tarde, me quedé hasta las 8:00 p.m. Le llamé a mi esposa y le dije que regresaría tarde a casa. Luego trabajé todo el sábado y el domingo. El lunes por la mañana entré a la oficina con el reporte mecanografiado.

Cuando llegó mi jefe a las 10:00 a.m. como acostumbraba, el documento estaba esperándolo en su escritorio. Entró a mi oficina y dijo:

—Esto es notable, aprecio que lo hayas hecho. En realidad no era tan urgente, terminarlo en una o dos semanas habría bastado, pero muchas gracias por esforzarte.

El reporte era un análisis de una oportunidad de negocios que involucraba varios millones de dólares. El director del banco lo llamó más tarde.

—Mire, no me agrada la idea de presionarlo, pero necesito ese reporte de inmediato para aprobar el préstamo a su empresa —le dijo a mi jefe. Se refería a un préstamo de 50 millones de dólares.

—De hecho —contestó mi jefe—, tengo el análisis completo. Se lo enviaré en este momento.

Envió el documento y el banco aprobó un préstamo que tuvo un impacto importante en la empresa. Vino a verme y me contó lo que había sucedido. Volvió a decirme lo agradecido que estaba de que lo hubiera completado, y se fue. No era un hombre al que le gustara hablar mucho, pero a partir de entonces, cada vez que surgía algo que necesitara hacerse rápido, me lo encomendaba a mí.

Pasé de trabajar en una pequeña oficina a una más amplia, y luego a la segunda oficina más grande de la empresa. Pasé de trabajar de manera solitaria hasta entrada la noche, a tener personal que cumplía mis responsabilidades. Pasé de encargarme de un trabajito ordinario a controlar tres divisiones de la empresa. Pasé de batallar en lo económico a ganar más que nunca en mi vida.

Años después contraté al contralor de esa empresa para que dirigiera mis negocios.

—Por cierto, aquel jefe le pagaba a usted más en salarios, bonos y comisiones de lo que jamás le pagó a otro —me contó.

Aquel jefe tuvo cientos de personas trabajando para él a lo largo de su carrera, pero siempre le decía al personal de contabilidad: "Si necesitan que algo se haga, dénselo a Brian porque él lo hará rápido y bien".

Ésta es tu clave para el éxito, la alta productividad, los ingresos elevados y las oportunidades. Es la clave para sentirte maravilloso respecto a ti mismo y para que te respete toda la gente que te rodea: haz tu trabajo, hazlo rápido y hazlo bien.

Trabaja todo el tiempo que trabajas, termina tus tareas, complétalas. No te preocupes si es demasiado pronto o demasiado temprano. Hazte de una reputación y logra que la gente diga: "Si quieres que se haga el trabajo, dáselo a esta persona porque lo hará rápido y bien".

¿Qué tan buena es tu reputación actualmente? ¿Qué tan distinta es de la de los otros empleados de la empresa? ¿La gente dice que si se quiere que algo se haga bien y rápido que te lo asignen a ti en lugar de a cualquier otro?

Piensa en esto porque lo que determina tu futuro por encima de cualquier otro aspecto es lo que la gente dice de ti y de tu trabajo cuando no estás presente.

EL SIGNIFICADO DEL ÉXITO

Permíteme volver a la pregunta que cambió mi vida cuando iba a cumplir 20 años: ¿por qué algunas personas son más exitosas que otras? La pregunta que surge de inmediato es: ¿qué es el éxito? ¿Ganar mucho dinero es ser exitoso?

No. Ser exitoso es vivir tu vida de la forma que deseas. Es hacer las cosas que quieres. Es cumplir con un trabajo que disfrutes y llevarlo a cabo con gente que te simpatice y a la que respetes.

El éxito, más que cualquier otra cosa, es libertad, y para mí la libertad es la alegría fundamental de la vida. Sentirse libre por completo, ser quien eres, hacer lo que deseas y aceptar otros empleos.

Actualmente hablamos de un auge económico. Se supone que hay siete millones de empleos vacantes en Estados Unidos, más que en cualquier otro país del mundo. Las empresas grandes y las pequeñas tienen vacantes que necesitan cubrir, pero sin importar cuánto estén dispuestas a pagar, no encuentran gente que cumpla con el trabajo. Por eso ponen anuncios y promueven, contratan y entrenan, pero luego despiden a quienes emplearon y consiguen a alguien más.

Si quieres tener libertad completa para sentirte maravilloso respecto a ti mismo y a tu vida, date a conocer como una persona que produce resultados. Si te dan una tarea, realízala, y hazlo rápido y bien. No masculles, no te quejes ni digas que estás demasiado ocupado o abrumado.

Yo nunca he rechazado una tarea en mi vida. Cuando era joven y pobre no sabía la importancia de esto. En mi caso, fue la oportunidad de volverme exitoso, algo que me abrió una puerta. Mi jefe me dijo: "Aquí está la puerta, atraviésala y corre", y eso fue lo que hice.

La gente común y corriente que trabajaba en mi empresa se molestó conmigo. Mis compañeros hablaban mal de mí a mis espaldas porque trabajaba todo el tiempo, en tanto que ellos llegaban a la oficina y se reunían para tomar café y salir a almorzar. Se sentaban a platicar durante el almuerzo y luego regresaban. Después, al final del día, salían juntos a beber una copa. Y mientras tanto, yo seguía trabajando.

Un día leí una reseña de la autobiografía del beisbolista Pete Rose, a quien la gente solía llamar Pete Hustle porque *hustle* quiere decir "movido", y ésa era su filosofía: moverse. Su padre le enseñó a actuar con rapidez cuando la pelota estaba en movimiento. Tuve la oportunidad de conocerlo; era un gran tipo. Les simpatizaba a todos porque era positivo, optimista y muy activo. Se movía con mayor velocidad, determinación y persistencia que nadie. Llegó a ser uno de los mejores jugadores en la historia del beisbol estadounidense. De no ser porque tuvo ciertos problemas en su carrera, ahora formaría parte del Salón de la Fama.

Por eso siempre pienso en él como Pete Hustle, el "movido". Así debes ser tú también. Construye tu reputación, que te conozcan por lo activo que eres. Si alguien quiere que se haga algo rápido y bien, te lo encomendará a ti, y eso te abrirá una puerta tras otra.

Aquel gran jefe que tuve vendió su empresa por 850 millones de dólares y se retiró para dirigir una operación de negocios más modesta. En cuanto dejé de trabajar para él, el teléfono sonó. Alguien más me contrató de inmediato; era la segunda persona más rica de la zona oeste de Canadá, otro multimillonario que me llamó por teléfono.

—¿Podrías trabajar para mí? —preguntó.

—Por supuesto —contesté de inmediato porque supe que ahí había una oportunidad.

—¿Cuánto estás ganando con el gran jefe? —continuó—. ¿Cuánto te paga?

Le dije la cifra.

—Yo te pagaré el triple. ¿Cuándo puedes comenzar?

Después de esa llamada tuve una conversación con el gran jefe. Le dije que había llegado el momento de avanzar y empecé a trabajar con el caballero canadiense. Desde el principio me puso a cargo de una división de la empresa que ascendía a 265 millones de dólares.

Hacerme de una reputación y que la gente me conociera como alguien que podía hacer las cosas rápido cambió mi vida. Es uno de los mejores hábitos que puedes desarrollar. Desarrolla buenos hábitos a través de la práctica. Para formarte una nueva costumbre debes abstenerte de hacer excepciones. Nunca te des una excusa ni dejes de esforzarte sólo porque estás cansado, porque trabajaste arduamente esta semana o porque tienes demasiadas tareas que hacer.

No hay excusas. Éste es el título de uno de mis libros, un *best-seller* sobre los pretextos que nos damos en la actualidad: *No Excuses: The Power of Self-Discipline.*

CAPÍTULO DOS

La psicología de la productividad

Además de darle a la gente técnicas y estrategias, me parece importante ofrecerle una comprensión más profunda de la psicología subyacente al área en cuestión, ya sea ventas, liderazgo, negociación, persuasión o logros.

¿Por qué? Permíteme retomar una sencilla afirmación que nos refiere a Ralph Waldo Emerson y Earl Nightingale: *Uno se convierte en aquello en lo que piensa la mayor parte del tiempo.* Tu mundo exterior es expresión de tu mundo interior. En la vida no consigues lo que quieres sino lo que esperas. La ley de la atracción dice que tú atraes hacia tu vida a la gente y las circunstancias que están en armonía con tus pensamientos dominantes.

Lo más maravilloso en el mundo es que lo único sobre lo que tienes control absoluto son tus pensamientos. Entre más pensamientos positivos tengas respecto a ti mismo y tus posibilidades, más creativo serás.

Además de la mente consciente, todos tenemos una mente inconsciente. La mente inconsciente, sin embargo, es poco comprendida. Es, en pocas palabras, una inmensa biblioteca mental que almacena todas las experiencias que has tenido en tu vida y que permite que esta información esté disponible cuando la necesites.

Toda la gente tiene también una mente supraconsciente. Se ha hablado de este tipo de inteligencia desde hace unos 4 mil años, quizá. Es tu habilidad para comunicarte con una gran mente en el universo a la que todos pueden recurrir. Es casi como una gran mente que te rodea de manera permanente. De la misma manera en que hoy en día podemos conectarnos a internet, también podemos entrar en contacto con la mente supraconsciente. Es algo que nos dará todo lo que queremos si lo deseamos durante suficiente tiempo y con suficiente fuerza, y si trabajamos de la manera correcta para obtenerlo.

Me he dado cuenta de que toda la gente que ha triunfado está al tanto de la existencia de esta mente. La semana pasada, por ejemplo, hablé con una mujer muy exitosa que estaba informada al respecto.

—Estoy seguro de que usted ha oído hablar de la mente supraconsciente —le dije.

—Por supuesto —contestó.

Si alimentas esta mente con pensamientos sumamente claros, te dará todo lo que deseas y necesitas en el momento idóneo para ti. Si quieres ser feliz, sólo tienes que recurrir a tu mente supraconsciente.

Esto me lleva de vuelta a un punto de inflexión en mi vida: cuando descubrí el papel de mi autoestima. La mejor descripción de la autoestima es lo mucho que te respetas, lo mucho que consideras ser una persona preciada y valiosa. Tu autoestima determina, virtualmente, todo lo que te sucede en la vida, y al mismo tiempo, todo lo que te sucede puede aumentar o disminuir tu autoestima. Nada es neutral en la vida.

Esto que sé sobre la autoestima lo aprendí antes de que naciera mi primer hijo. Me senté a hablar con mi esposa; decidimos que nuestro principal objetivo sería criar a nuestros hijos con altos niveles de autoestima y confianza en ellos mismos. Todo lo que hemos hecho se ha enfocado en eso. De manera deliberada decidimos no criticarlos nunca, no castigarlos ni hacer nada que disminuyera su autoestima o su confianza.

Mi conejillo de Indias fue Christina, mi primera hija. Luego vinieron Michael, David y Catherine. Esto se lo he repetido muchas veces. Como dicen respecto al salvaje oeste: "El lugar donde nunca se escucha una palabra de desaliento". Mis hijos nunca han sido criticados, nunca los hemos animado a tener pensamientos que los limiten, al contrario, les digo que son excelentes y que pueden lograr cualquier cosa en la que enfoquen su mente.

Tal vez no lo sepas, pero 95% de tus emociones las determina la manera en que te hablas a ti mismo la mayor parte del tiempo. Las mejores palabras que puedes usar, tu "manta de afirmación", son: "Me agrado a mí mismo. Me agrado a mí mismo. Me agrado a mí mismo". Entre más te agrades a ti mismo, mejor te desempeñarás en todo aquello en lo que enfoques tu mente; también serás más feliz y tendrás más confianza y energía. Di: "Me agrado a mí mismo. Me agrado a mí mismo. Me agrado a mí mismo".

Hace poco se puso en contacto conmigo un joven que acaba de asumir el puesto de administrador general de una empresa técnica de rápido crecimiento. "Tengo que contarle mi historia. No la va a creer, pero voy a enviársela a su iPhone. Le voy a dejar un mensaje grabado", dijo, y empezó a grabar.

Este joven comenzó su carrera vendiendo teléfonos celulares en un quiosco dentro de un centro comercial. Pasado un mes de trabajo, no había vendido ni un solo aparato. Siguió abordando a gente, que le decía: "No estoy interesado. No quiero. No necesito un celular. Ya tengo uno". Se sentía en verdad muy abrumado. Estaba desesperado.

Un día fue a una librería del centro comercial y encontró uno de mis libros. Era *La psicología de las ventas* (una explicación detallada de la manera en que tu pensamiento determina tus ventas). Lo leyó y se sintió particularmente conmovido por la afirmación: "Me agrado a mí mismo".

Al día siguiente se detuvo en el estacionamiento, sacó el libro, encontró la página y empezó a repetir: "Me agrado a mí mismo. Me agrado a mí mismo. Me agrado a mí mismo". Vio a la gente pasar junto a su automóvil mientras él hablaba consigo mismo con entusiasmo desbordante. La gente empezó a señalarlo, pero él se rio y continuó diciendo: "Me agrado a mí mismo. Me agrado a mí mismo".

Luego salió del automóvil y entró al centro comercial. A partir de ese momento se transformó en una máquina de ventas. Vendió, vendió y vendió. En menos de un mes ya era el mejor vendedor de la empresa. En menos de dos meses ascendió al puesto de supervisor.

En menos de tres meses ya era ejecutivo. En menos de cuatro empezó su propio negocio. Todos los días redoblaba sus esfuerzos repitiendo: “Me agrado a mí mismo. Me agrado a mí mismo”.

Lo mismo puede suceder contigo. La palabras más poderosas que te puedes decir son: “Me agrado a mí mismo”, una y otra vez. Luego repite sin cesar: “Puedo hacerlo. Puedo hacerlo. Puedo hacerlo”.

Si quieres criar niños felices, sanos y con confianza en sí mismos, repíteles todo el tiempo: “Puedes hacerlo. Puedes hacerlo. Puedes hacer cualquier cosa que te propongas. No hay nada que no puedas lograr si en realidad quieres hacerlo”. Recuerda que tienes la mayor influencia del mundo sobre la gente que te admira: tus hijos, tu cónyuge, tus empleados, tus amigos. Cada vez que les digas: “Puedes hacerlo, puedes hacer cualquier cosa que te propongas”, te creerán, y poco después esta creencia se convertirá en un hábito en ellos.

Entre más creas que eres una persona productiva que inicia y termina sus tareas todos los días, más feliz te sentirás, más energía tendrás, más te respetarás y agradarás a ti mismo, y más motivado te sentirás para llegar un poco más temprano, trabajar con un poco más de ahínco y quedarte hasta un poco más tarde. Te sentirás motivado a estudiar, aprender y ser mejor en las áreas más importantes para ti, tu jefe y tu empresa. Te convertirás en una máquina de aprendizaje. Estarás ansioso de aprender cosas nuevas que te permitan trabajar más y mejor, y hacer tus tareas con mayor rapidez para la gente que espera eso de ti y que te admira.

Hay muchas personas que hacen exactamente lo contrario. Se denigran a sí mismas. Se sabotean con un parloteo mental que refuerza su noción de que no son gente productiva.

La mayor limitante de tu éxito, las dos dificultades que más te impiden avanzar, son el miedo al fracaso o a no hacer las cosas bien, y el miedo al rechazo, a no agradarles a otras personas y que te critiquen. Éstos son los dos temores que debes vencer por encima de todo lo demás. Lo más increíble es que entre más te repitas “Me agrado a mí mismo” y “Puedo hacerlo”, más pequeños se irán haciendo tus miedos. Comenzarán a encogerse hasta dejar de existir. Si entran en tu mente, espántalos de inmediato.

Los pensamientos autolimitantes te hacen creer que estás limitado de alguna manera. Que te hace falta talento o una habilidad. Que no eres suficientemente bueno, que no eres atractivo, que no tienes suficiente capacidad. El mayor problema de los seres humanos se resume en la frase: "No soy suficientemente bueno. Los otros son mejores que yo".

Por eso siempre les digo a mis estudiantes que son tan buenos o mejores que cualquier otro que conozcan. Cuando te repites sin cesar: "Me agrado a mí mismo" y "Puedo hacerlo", llega un momento en que empiezas a creerlo. Y entonces tus pensamientos negativos y limitantes disminuyen.

Repítete estas frases una y otra vez. A la gente más importante en tu vida, dile: "Puedes hacerlo, en verdad eres muy hábil en lo que haces. En serio, ¡eres excelente!"

Cuando mis hijos tenían unos cuatro o cinco años, regresaban a casa de la escuela con sus primeros dibujitos y me los mostraban. Yo me volvía loco con sus trabajos.

—¿Tú hiciste esto? ¿Lo hiciste solo? ¿Lo hiciste sola? ¿Quién te ayudó? Alguien debió ayudarte, ¿no? —les preguntaba.

—No, no —me contestaban—. Lo hice yo solo.

—Vaya, es impresionante. No puedo creerlo —continuaba diciéndoles y luego llamaba a mi esposa—: Oye, Barbara, tienes que ver esto. No vas a creerlo. Mira, Christina dibujó esto solita. Es una maravilla.

Luego colocábamos el dibujo en un espejo o en el refrigerador de la cocina y seguíamos armando alharaca.

Incluso cuando sacaban malas calificaciones actuábamos igual.

—Mira, eso es temporal. La próxima vez obtendrás una mejor calificación, ¿no crees?

—Sí, será mejor —decían mis hijos.

—Genial, no hay problema, eres muy inteligente.

Tú puedes hacer lo mismo con los miembros de tu familia.

Como mencioné al principio de este capítulo, uno se convierte en aquello en lo que piensa la mayor parte del tiempo. También te conviertes en lo que les dices a otras personas, así que cuando les dices frases positivas a otros, tu mensaje regresa a ti como una especie de búmeran. Te sientes positivo, te sientes más feliz, más fuerte. Tu autoestima también aumenta. Las palabras que usas te confieren un poder inmenso.

También te conviertes en lo que enseñas. Anteriormente mencioné a Pete Rose. Pete es famoso porque su padre le enseñó a jugar beisbol a la edad de cuatro años. Ahora piensa, ¿quién es el golfista más respetado del mundo en la actualidad? Quizá sea Tiger Woods. Tiger Woods empezó a jugar golf con su padre cuando tenía cuatro años. Su papá lo guio, lo instruyó, lo animó y lo halagó desde esa edad, y Tiger lo venció para cuando llegó a los seis. ¿Cómo te sientes cuando eres niño y vences a tu padre, el gran golfista de tu familia? Tiger Woods se convirtió en uno de los golfistas más respetados de la historia.

Recuerda que todo lo que dices y proyectas regresa a ti, así que, siempre que hables de ti mismo, di cosas que deseas que sean ciertas. Nunca digas lo contrario. Nunca digas que llegas tarde, que eres desorganizado u olvidadizo. Siempre habla de ti de la manera que deseas ser en el futuro.

PRODUCTIVIDAD Y AUTENTICIDAD

Algunas personas creen que si trabajan arduamente todo el tiempo, que si se mantienen enfocadas, cumplen con su trabajo y completan sus tareas perderán espontaneidad y autenticidad. Pero eso no es cierto de ninguna manera. Cuando inicias y terminas tus tareas de manera constante, comienzas a sentirte más feliz respecto a ti mismo. Empiezas a sentirte contento porque terminaste una misión y porque lo hiciste a tiempo.

Te exhorto a que escribas un plan y que trabajes en él hasta que se vuelva algo natural para ti, hasta que sea espontáneo terminar tus tareas, y hasta que puedas actuar de manera natural e instintiva con otros.

Como ya lo mencioné, mucha gente desperdicia la mayor parte del tiempo en su lugar de trabajo. Se estima que cerca de 50% del tiempo en las oficinas se desperdicia en tareas y actividades improductivas. Sólo 50% se invierte realmente en trabajo, y de las tareas realizadas, muchas tienen un valor más bien bajo o nulo.

Por todo lo anterior, haz que te resulte natural completar tu trabajo. De esa manera estarás contento todo el tiempo. Ofrece ayudar a otros un poco para que empiecen y cumplan con sus tareas. Recuerda que hoy en día la mayoría de la gente funciona muy, pero muy por debajo de su nivel óptimo de productividad.

Aquí entra en juego la regla 80/20: una jefa terrible. Esta regla dice que sólo 20% de la gente puede ganar 80% del dinero. Si estás en el 80% inferior, siempre estarás en deuda, siempre te preocuparás por el dinero y la gente no te respetará. Tal vez te respeten quienes también pertenezcan a este grupo inferior, pero su respeto no es valioso porque suele ser superficial y desaparecer. Lo que tú necesitas es que te respeten las personas pertenecientes al 20% superior.

Un amigo mío llegó a ser el mejor vendedor de su empresa a nivel nacional. Me contó que cuando empezó a trabajar estaba en la parte inferior y se llevaba con los otros vendedores de bajo nivel. Iban a su oficina, perdían el tiempo juntos, leían el periódico, conversaban y luego salían a almorzar en grupo.

Tiempo después, mi amigo notó algo que cambió su vida: de entre 30 y 40 vendedores de la empresa, unos cinco o seis eran en verdad excelentes. Estos vendedores se frecuentaban entre sí y no pasaban tiempo con los de bajo desempeño. Entonces mi amigo se dijo: "Si quiero ser vendedor de alto desempeño debería relacionarme con este grupo. ¿Cómo podría hacerlo? Ya sé, les voy a pedir consejos".

Se acercó a uno de los mejores vendedores y le dijo:

—Hola. Escucha, me gustaría ser exitoso como tú. ¿Cómo organizas tu tiempo para ser mucho más productivo que la persona promedio?

—Pues uso este sistema —contestó el hombre y le mostró el sistema a mi amigo.

—Muchas gracias, en verdad te lo agradezco —dijo mi amigo y puso el plan en acción de inmediato.

Ésta es una de las cosas más importantes que he aprendido: cuando consigues una buena idea, aplícala inmediatamente. No esperes hasta mañana o hasta la siguiente semana, hazlo ya. Si alguien te comparte una buena idea, ponla en marcha en ese momento y regresa con la persona para decirle: "Usé tu idea y me resultó muy útil. ¿Hay alguna otra cosa que me recomendarías hacer o no hacer?"

La persona te contestará: "Bueno, podrías intentar esto: yo aprendí a siempre comenzar antes que todos los demás para que puedas tener un buen inicio antes de que los otros lleguen a la oficina. Si haces eso, es más probable que te mantengas en esa sintonía el resto del día".

"Ah, muchas gracias, es una idea genial." Cuando alguien te recomiende algo, escríbelo. Siempre lleva una libreta contigo y escribe las ideas.

Mi amigo empezó a conversar con otras personas. "Hola, ¿sabes? Le pedí a Bill (o a Susan) un consejo, y me dijo tal. ¿Tú qué me recomendarías? Quisiera ser tan exitoso como tú." La gente siguió dándole consejos.

—Poco después —me contó— me empezaron a invitar a almorzar con ellos o a reunirnos para el desayuno. No pasó mucho antes de que comenzara a pasar todo mi tiempo con los mejores elementos del personal, y entonces mis ventas aumentaron más y más. Cuando asistí a la gran reunión anual de ventas donde se encuentran los mejores vendedores, hice lo mismo. Me acerqué a quienes obtuvieron los premios y les dije: "¿Cómo haces para ganar cada año los premios para los mejores vendedores del país? ¿Cuál es tu secreto?"

"Y me dijeron cosas como: 'Bueno, hice tal cosa. Leí este libro. Hice tal otra cosa todos los días y eso me ayudó mucho'.

"Me contaron sus secretos para tener éxito y yo comencé a aplicarlos. En un par de años llegué a ser uno de los mejores vendedores del país y empecé a ganar entre 10 y 20 veces lo que otros.

"También descubrí que nadie les había preguntado nada antes a estos vendedores. Llevaban años subiendo al escenario y recibiendo premios, pero nadie les había preguntado después qué habían hecho para llegar ahí. Yo fui la primera persona que lo hizo. Estos vendedores me enviaban libros por correo porque sabían que los leería y que aplicaría los consejos."

Así pues, lo primero que debes hacer es pedirles asesoría a los mejores en tu área de trabajo. Te asombrará lo abiertas que son algunas personas para proveer consejos y retroalimentación. En segundo lugar, pon en marcha los consejos que te den y hazles saber a las personas lo que sucedió. Cuéntales lo que hiciste y cuáles fueron los resultados.

Recuerda que todos comienzan desde abajo, pero eso no significa que tengas que permanecer ahí.

LA VERDADERA AUTOESTIMA

Necesito hablar un poco respecto a la autoestima. Por una parte, el éxito, de manera general, se relaciona profundamente con la autoestima. Por otra parte, ¿no crees que también es posible llegar a inflar demasiado tu autoestima cuando no refleja de manera precisa tus logros? De acuerdo con algunas investigaciones, por ejemplo, los estudiantes estadounidenses tienen más confianza respecto a su inteligencia y sus conocimientos que ciertos estudiantes extranjeros, pero en términos reales, éstos obtienen mejores calificaciones en esos rubros.

No creo que la gente tenga falsos niveles de autoestima, más bien me parece que se trata de soberbia o arrogancia. Tienen una perspectiva exagerada de sus propias capacidades, y en esos casos es muy fácil que la autoestima se "desinfle". Es como un globo. En cuanto haya un obstáculo se volverán en contra de sí mismos y perderán la confianza porque no cuentan con una autoestima legítima.

Al hablar de autoestima legítima me refiero a cuando te agradas en verdad a ti mismo porque haces un buen trabajo, y la gente que te rodea piensa lo mismo y te respeta. Si alguien te critica, tú sólo lo ignoras, no prestas atención.

Si crees que estás haciendo un gran trabajo, pero tu jefe te lleva a un lugar privado y te dice: "¿Sabes? Tu desempeño es de cuarta", tu autoestima y el concepto que tienes de ti mismo sufrirán un gran golpe.

Así pues, existe la autoestima legítima y la autoestima falsa. La autoestima legítima se basa en los logros y los triunfos reales que tú y la gente que te rodea pueden reconocer. La falsa autoestima es algo que tú mismo construyes, pero para lo que no hay una base. No has logrado nada de valor ni superior a los resultados de otras personas.

El mayor problema de la gente es la baja autoestima porque es como tener frenos que te detienen y te obligan a desacelerar. Socavan tu confianza en ti mismo y te hacen ver aspectos negativos de tu persona.

En cambio, cuando te agradas a ti mismo puedes simplemente reírte cuando alguien te critica porque todos tienen derecho a tener una opinión. Es algo que no te molesta en absoluto porque tu autoestima es legítima.

Yo crie a mis hijos de tal forma que nunca escucharan nada que no fuera positivo, para que sólo tomaran en cuenta los halagos y los comentarios alentadores de sus padres. Eso no significa que no discutamos o que no lleguemos a tener desacuerdos, sino que nunca los hemos criticado. Las críticas destructivas de la gente cuya opinión respetas es el gran cáncer de la personalidad humana, y la autocrítica destructiva es la peor de todas.

Cada vez que veas a un adulto con problemas notarás que si averiguas cuáles fueron sus dificultades en el pasado, resultará que fue criticado de manera destructiva en los primeros cuatro o cinco años de su vida. Por el contrario, si a un niño lo construyes, lo motivas y lo alabas de manera constante desde una edad temprana, será fuerte, positivo y confiado en sí mismo por el resto de su vida.

La gran noticia aquí es que si no obtuviste esas bases en tu infancia, ahora te las puedes proveer tú mismo. Puedes convertirte en tu propio porrista. Puedes comenzar a hablarte a ti mismo de manera positiva.

Digamos que tienes problemas con la puntualidad. Tal vez es porque lo aprendiste de uno de tus padres o de ambos: llegaban tarde, y por eso llegas tarde. O tal vez lo aprendiste de tus amigos o tus compañeros de clase porque, como querías llevarte bien con ellos, los imitabas.

Digamos que deseas ser puntual ahora. Tal vez te has dicho: "De acuerdo, soy una persona muy puntual", pero de todas formas llegas tarde. En ese caso, di: "Yo no soy así. Yo soy una persona muy puntual. A veces llego un poco tarde, pero en general soy una persona muy puntual. Llego a tiempo en casi todos los casos. Siempre estoy buscando maneras de llegar más temprano en caso de que algo suceda".

Te hablas a ti mismo. Te conviertes en tu propio porrista. Hablas de la manera que quieres ser, no de la persona que quizá seas en este momento. Si fallas, deberás decirte: "Cometí un error, pero yo no soy así. Sólo fue un error. En realidad soy puntual".

Te daré otro ejemplo. Cuando mis niños eran pequeños yo sabía que uno de los más grandes desafíos de la infancia era el miedo: miedo al fracaso, miedo a no ser tan hábil como los otros niños, en fin, miedo a todo. Mis hijos perdían el entusiasmo y abandonaban los deportes o alguna otra cosa.

Recuerdo que le dije a mi hijo David:

—Soy tu padre y hay algo que sé acerca de ti: nunca te das por vencido.

—Oh, no, eso no es verdad, papá. Cuando me caigo o no me va bien en el karate, el beisbol u otra cosa, ya no quiero seguir.

—No, no —dije—. Tal vez pienses eso, pero en realidad nunca te das por vencido. Soy tu padre y te conozco mejor que nadie. Hay ocasiones en que decides alejarte un poco, pero nunca te dejas vencer.

Poco después, lo oí platicar con un amigo. Estaban hablando de la personalidad de cada uno.

—Bien, hay algo que sé respecto a mí mismo: nunca me doy por vencido —dijo David.

Cuando lo escuché afirmar eso, me dije: "Vaya, esto es genial".

Hasta la fecha, si le preguntas a cualquiera de mis hijos: "¿Eres el tipo de persona que se da por vencida?", te dirá: "En absoluto, yo nunca me dejo vencer". Esto es porque yo se lo repetí una y otra vez. Y se lo sigo diciendo: "Eres una persona asombrosamente hábil y buena. Nunca te dejas vencer".

Por esta razón, ni siquiera se les ocurre darse por vencidos. ¿Han intentado muchas cosas que tal vez no les han salido bien? Por supuesto, pero no se amilanan. Así que tú también debes decirte: "Nunca me doy por vencido, nunca me doy por vencido, nunca me doy por vencido". Diles a tus hijos: "Tú nunca te dejas vencer. Estoy muy orgulloso de ti porque, sin importar lo que suceda, nunca te das por vencido. Siempre intentas cosas distintas, pero no te detienes". Y si te dicen: "Pero ¿qué hay con esto o aquello que no me salió?", explícales lo siguiente: "Ah, es que, para comenzar, esa actividad no era adecuada para ti. Pero luego encontraste algo que te convenía mucho más porque eres imparable".

Recuerda que cada vez que alabas y refuerzas la autoestima de otra persona, se crea un efecto búmeran. Tus palabras rebotan, regresan a ti y aumentan tu autoestima y tu confianza en ti mismo.

VISUALIZACIÓN Y AFIRMACIÓN

Permíteme seguir hablando del poder de la visualización. Cuando uno se desempeña en el exterior, siempre lo hace de la manera en que se ve a sí mismo en el interior. Tú puedes crear nuevas imágenes mentales de ti mismo desempeñándote a tu máximo potencial hacia fuera, porque sólo tú controlas dichas imágenes. Por esto puedes generar una representación mental de ti mismo con la mejor versión posible de la persona que aspiras ser.

Existen miles de métodos y técnicas. Digamos, por ejemplo, que quieres ponerte en buena forma física, entonces tomas una fotografía de una persona con buena condición y la colocas en tu refrigerador. Luego tomas una fotografía de ti mismo y remplazas el rostro de la primera persona con el tuyo. Cada vez que vayas al refrigerador verás tu cara con un cuerpo excelente, y entonces tu subconsciente empezará a dar por hecho que se trata de una fotografía. De hecho, tomará la foto y la archivará, así que cuando pienses respecto a comer, a hacer ejercicio, al peso o a la ropa, la fotografía se reproducirá en tu mente una y otra vez.

También puedes tomar una afirmación como: "Yo nunca me doy por vencido", y escribirla 10 veces. Es como en la escuela, los maestros te hacían escribir lo opuesto de algo que habías hecho mal: "Tengo que llegar a clase con puntualidad" o "Debo terminar mi tarea a tiempo". Te obligaban a escribir la frase 10, 20, 50 o 100 veces. ¿Por qué? Porque todo lo que escribes de forma repetida empieza a formar una imagen en tu mente.

Cada vez que escribes la imagen de una orden, en realidad la ves, la visualizas. Si escribes: "Yo nunca me doy por vencido", te verás no dándote por vencido. Si escribes: "Yo trabajo más tiempo y con más ahínco que cualquier otro", te verás trabajando de esta precisa manera. Dentro de poco tiempo tu subconsciente lo aceptará como una orden y tú empezarás a obedecerla de forma automática.

Ciertas acciones te permiten desarrollar hábitos con mayor facilidad. Una de ellas consiste en elegir una cualidad que admires y escribirla en forma de afirmación en tiempo presente: "Siempre soy puntual. Empiezo mi trabajo temprano por la mañana. Trabajo todo el día. Trabajo todo el tiempo que trabajo. Termino todas mis tareas".

Escribe una afirmación y reescríbela 10 veces. Puede ser por la mañana cuando te levantes; escríbela 10 veces hasta que descubras que estás actuando así de forma automática.

Esto es lo que sucederá: no empezar a trabajar puntualmente o no terminar tus tareas te hará sentir incómodo, te sentirás un poco enojado contigo y eso te motivará a encarrilarte de nuevo.

Cuando te hayas programado el nuevo hábito, tendrás mucho más tiempo que antes para hacer tus actividades. Luego podrás formarte otro hábito. Puedes decir: "Siempre inicio y termino mis tareas" o "Siempre trato a la gente con calidez y respeto". A medida que avances, los primeros hábitos que desarrolles te darán más tiempo y oportunidad de formarte otros nuevos.

ACTÚA TU PAPEL

Otra de las estrategias consiste en actuar como si estuvieras encarnando un papel. Los actores usan la ropa que usaría el personaje; se ven a sí mismos en exactamente las mismas situaciones y las repiten una y otra vez hasta que se convierten en esa persona. De hecho, debido a este desdoblamiento de personalidad, no es raro que les cueste trabajo regresar a su estado normal después de haber filmado una película. Durante el rodaje de la producción, que tal vez tomó seis meses, vivieron, caminaron, respiraron y hablaron como ese personaje. Luego les llega la oportunidad de hacer otra película y tienen que meterse en un nuevo papel, por eso los actores son tan neuróticos.

¿Qué significa esto para ti? Que tú creas la personalidad que quieres tener. ¿Qué persona me gustaría ser? ¿Alguien que es coherente con sus valores, sus objetivos y su personalidad? Yo, por ejemplo, quería ser un padre positivo, eficaz y alentador, así que me visualicé como un padre en verdad muy bueno para mis hijos. A lo largo de los años he vivido todo tipo de situaciones con ellos y los he tratado de la manera que lo haría alguien positivo, cariñoso y alentador.

Incluso si en el fondo me siento enojado, frustrado o desilusionado, me doy cuenta de que lo que haga y lo que diga tendrá un impacto en la manera en que mis hijos se verán y se sentirán respecto a sí mismos en el futuro. Por eso trato de hablar y de actuar de manera positiva. Así es como se desarrolla su autoestima.

QUE TU PUNTO DE REFERENCIA SEA EL MEJOR

Tengo una academia para oradores en la que suelo reunir a unas 12 personas cada dos meses. Durante tres días les enseño a dar discursos excelentes de manera intensiva.

He descargado de internet varios discursos conocidos de grandes actores y políticos, uno de mis favoritos es "Tengo un sueño" de Martin Luther King. Mucha gente, sin embargo, considera que el mejor discurso del siglo XIX es el llamado "Discurso de Gettysburg" de Abraham Lincoln. Este discurso se lo enseñan a los niños en la escuela, así que lo descargué y lo reproduje para que la gente tuviera en su mente la imagen de lo que es un gran orador.

También hay grabaciones de los mejores discursos de Winston Churchill. Puedes reproducirlos y escucharlos, y hay libros en donde puedes leerlos. Así verás cómo se preparaba para hablar, cómo anotaba en los márgenes y cómo caminaba de ida y vuelta a casa, y trabajaba con su secretaria y su esposa hasta que estaba perfectamente bien preparado para dar su discurso en el Parlamento.

En el Parlamento británico solían marcar en una lista la hora en que se iba a dar un discurso. La gente leía la lista, veía que a las 10:40 a.m. hablaría Churchill, y la noticia empezaba a propagarse por todos los corredores de arriba y de abajo: "Winston está anotado: va a hablar hoy", decía la gente. Y entonces los miembros de todas las áreas del Parlamento iban a la Cámara para poder estar ahí sentados cuando Churchill diera su discurso.

Yo les enseño a mis alumnos a hablar así y es asombroso. Personas que nunca han dado un discurso consiguen ovaciones de pie la primera vez que encaran al público, porque tienen en su mente la imagen de gente parándose y vitoreándolas.

Lo principal es que encuentres a las personas que te parezcan ser las más productivas en tu ramo. Intenta leer una semblanza autobiográfica o algo sobre sus hábitos diarios, de esa manera podrás comparar tus acciones con lo que ellos hacen.

Cuando era joven aprendí que los grandes líderes leen sobre otros líderes desde que son niños. Devoran biografías y autobiografías, desarrollan una imagen y se ven como ese líder, como esa persona que logró algo extraordinario, ya sea líderes militares o políticos, o grandes científicos o figuras del deporte. Imaginan que son como esos modelos a seguir. Con el paso del tiempo se programan para pensar, caminar, hablar y actuar como la gente sobre la que leen.

CONVERTIRSE EN MAESTRO

Otra técnica consiste en convertirse en maestro. Como ya lo mencioné, uno se transforma en lo que piensa la mayor parte del tiempo. También te conviertes en lo que lees casi todo el tiempo. Te transformas en lo que te dices a ti mismo la mayor parte del tiempo. Y también te conviertes en lo que enseñas.

Así que si les enseñas a otras personas las cosas que en verdad son importantes para ti, empezarás a inculcar esas ideas en tu propia personalidad. Si enseñas respecto al valor, te vuelves valeroso. Si enseñas meticulosidad o buenos hábitos de trabajo, tú también los desarrollas.

Uno se convierte en lo que enseña, en lo que más desea aprender. Si en verdad estás interesado en un tema, siempre quieres aprender más y más al respecto porque en el fondo de tu inconsciente y tu supraconsciente recibiste un mensaje; algo te dijo que este conocimiento puede ser útil para ti.

Otra técnica parecida es la de volverse un modelo a seguir para otros. Yo he trabajado con decenas de miles de gerentes a lo largo de los años. Cuando te conviertes en gerente todo mundo te observa de reojo. Hablan sobre ti, discuten sobre ti. Piensan en ti y hablan de ti en casa. Aunque no te estén viendo de manera directa, te observan y toman notas. Si te admiran, querrán llegar a ser como tú.

Una de las cosas más maravillosas que puedes hacer es ayudarles dándoles libros para que lean. A lo largo de los años le he regalado a mi personal libros y programas de audio. Después de mucho tiempo regresan y me dicen: "Usted cambió mi vida al darme ese libro. Cambió mi vida para siempre". "Ahora soy ejecutivo *senior*" o "Tengo mi propia empresa", "Estoy ganando más de lo que jamás imaginé". Así que recuerda, cuando asumas un puesto de autoridad, todo mundo estará observando.

Hace muchos años trabajé en África con el doctor Albert Schweitzer, quien era un individuo brillante, considerado uno de los humanitarios más importantes del siglo XX. Después de eso leí muchos de sus escritos. Él decía que debes enseñarles a los hombres con el ejemplo, porque de otra manera no aprenderán.

Criar a mis hijos me permitió aprender que los niños se forman más con tu ejemplo que con cualquier cosa que les puedas decir. Podrán ignorar lo que les repitas, pero recordarán lo que hagas. Incluso a los 35 años las personas continúan recibiendo la influencia de lo que sus padres les dijeron y de la manera en que se comportaban.

Si quieres criar niños felices y sanos, ama a su madre y trátala con gran respeto y calidez porque eso les ayudará a crecer. Yo tengo dos hijos varones que ahora están casados y ambos tratan a sus esposas con gran afecto y respeto. Nunca discuten ni pelean con ellas, siempre están felices. Tienen niños y los están criando de la misma manera. Mi hija se casó con un hombre maravilloso y tienen tres hijos. Él la trata de la manera que yo traté a mi esposa. Mi hija se sintió atraída al hombre que sería su esposo cuando tenía 15 años porque vio en él las cualidades que yo mostré con mi mujer. A un nivel inconsciente, mi hija quería tener un esposo así.

Se conocieron cuando tenían 14 y 15 años, estando de vacaciones, y decidieron que cuando fueran mayores se casarían.

Crecieron, terminaron la universidad, tiempo después comenzaron a vivir juntos y luego se casaron. Todo fue sucediendo como en un plan. Se sintieron atraídos porque vieron, el uno en el otro, los mismos valores con los que crecieron.

CAPÍTULO TRES

La gente productiva se enfoca con intensidad en sus metas

Ahora que empezamos a analizar aspectos más específicos, resulta adecuado que conozcamos una estrategia mental que depende del poder de la claridad. Debes tener absoluta certeza sobre quién eres como individuo en lo concerniente a tus talentos, habilidades y deseos. ¿Cuáles son tus metas específicas como persona de negocios? ¿Cuánto quieres vender? ¿Cuánto deseas ganar? ¿Qué tipo de ganancias buscas obtener?

También necesitas tener total claridad respecto a los beneficios que tu producto o servicio les proveerá a tus clientes. Necesitas ser claro sobre quiénes son esos clientes, qué desean, qué necesitan y por qué tipo de producto están dispuestos a pagar.

Debes tener certeza respecto a tus competidores. ¿Qué están ofreciendo para atraer a los clientes que tú quieres tener? ¿Qué los hace superiores a ti desde la perspectiva del cliente? Tienes que entender cómo ve tu producto el cliente respecto al de tu competencia. Cuando el comprador puede optar entre tu producto y el de tu competidor, ¿por qué elige este último? ¿Qué ventajas ve tu cliente en comprar ese producto en lugar del tuyo? ¿Qué puedes hacer para compensar esas ventajas?

En la Segunda Guerra Mundial, tanto los alemanes como los rusos tenían regimientos de francotiradores. Una francotiradora rusa mató a 387 alemanes, más decesos de los que podría producir una batalla completa. Pudo matar a todos esos soldados disparando un solo tiro a la vez. En las guerras de Medio Oriente los francotiradores son más peligrosos y han podido matar más gente de la que asesinaría un ejército completo.

Por eso hago énfasis en la claridad, porque todo error que cometas será producto de tu falta de claridad en relación con lo que estás tratando de lograr respecto a tus metas. Es muy importante que tomes el tiempo necesario para definirlas.

En una ocasión le preguntaron a Albert Einstein cómo organizaría su tiempo si surgiera algún gran problema que condujera a la destrucción de la raza humana y sólo tuviera una hora para resolverlo. El genio contestó: "Pasaría 90% del tiempo entendiendo el problema y 10% implementando la solución".

Alejandro Magno es considerado tal vez el general más grande de todos los tiempos. Conquistó todo el mundo conocido en su época, desde el Mediterráneo hasta la India. Pasaba días enteros en su tienda de campaña planeando cada batalla con sus generales. Luchaban contra enemigos a los que no se habían enfrentado antes. Se tomaban tiempo para investigar, hacer la labor de inteligencia, interrogar a prisioneros y espías para averiguar con quién estaban lidiando exactamente, cómo los atacaría el enemigo y qué tendrían que hacer para ganar.

Alejandro se enfrentó a ejércitos 10 veces más numerosos que el suyo y ganó todas las batallas importantes. Atravesó todo el mundo conocido en su época, montañas, desiertos y ríos, y pudo luchar y ganar una y otra vez debido a que se tomaba el tiempo para tener claridad absoluta respecto a qué se enfrentaba y qué necesitaría para vencer.

Así que, si quieres ganar cinco o 10 veces más que tus competidores, deberás tener mucha más claridad respecto a lo que haces o acerca de lo que podrías hacer para ofrecer un valor mucho mayor al de ellos.

IBM, por ejemplo, empezó en 1928 vendiendo máquinas que funcionaban con tarjetas perforadas de procesamiento de datos. La empresa creció y creció con el paso del tiempo, e incluso sobrevivió a la Gran Depresión con bastante gracia. En los años sesenta lanzaron la "360", la primera computadora importante de procesamiento de datos, y se abalanzaron sobre el mercado como una tormenta. Para 1982 poseían 83% del mercado mundial de productos informáticos.

¿Cuál era la clave de sus increíbles niveles de ventas? El producto de IBM no fue en ningún momento ni mejor ni más rápido ni más barato que el de sus competidores. De hecho, siempre careció de ciertas ventajas y beneficios que el de uno de sus competidores o fue más costoso que el de algún otro. Sin embargo, vendió la mayor parte de las computadoras en el mundo.

¿Por qué? Porque IBM tenía una manera de vender llamada *tasa interna de retorno* (IRR, por sus siglas en inglés). En pocas palabras, te decían que si comprabas un producto IBM recuperarías tu inversión en un periodo específico. Después de ese tiempo el producto sería prácticamente gratuito; a partir de ese momento, cada vez que usaras la computadora aumentarían tus ganancias. De hecho generarías más dinero que si no contaras con este aparato en tu oficina. IBM te demostraba con exactitud cuánto ahorrarías o ganarías cada año si usaras su producto.

En resumen, te decían: "Si compras mi producto, será gratuito y además te generará una ganancia. Pagas por adelantado para tenerlo en tus manos, pero una vez que se haya pagado solo, continuará generando dividendos de manera repetida, año tras año. Así que, entre más productos uses, más ganancias tendrás. Pagar por nuestros productos te volverá rico; entre más de éstos adquieras, más rápido te volverás más rico".

Esta técnica convirtió a IBM en el campeón del mundo. Importantes revistas de negocios, entre ellas *Fortune*, la nombraron mejor empresa del año en repetidas ocasiones.

Mucha gente asociaba a IBM con la noción de volverse rico. En algún momento, me parece que fue alrededor de 1962, IBM estaba generando tantas ventas que anunciaron que los vendedores que llegaran a ganar 100 mil dólares por comisiones, ya sólo podrían trabajar las horas permitidas y no recibirían más ingresos.

Ross Perot, uno de los empleados, dijo: "¿Y qué pasará conmigo?" Era tan buen vendedor que llegó al límite de los 100 mil dólares por comisiones un 24 de enero, entonces se salió de IBM y fundó su propia empresa. Se convirtió en una de las personas más ricas de Estados Unidos, usando la misma estrategia: la tasa interna de retorno.

IBM tenía una excelente estrategia de mercadotecnia. Te decían: "Ayúdame a entender cómo funciona tu negocio y lo que tienes que pagar para procesar ciertas actividades del mismo, como gente, personal, impuestos, maquinaria, equipo, etcétera. Luego permíteme volver a contactarte con una propuesta y déjanos mostrarte que podemos hacer que nuestro producto sea gratuito para ti. Te llamaré en 10 días y traeré una propuesta. Puedes invitar a tus empleados más competentes, a tu contadores. Puedes revisarla y decirme qué opinas". No tenían que hacer ningún esfuerzo para vender, eso era lo más endiabladamente asombroso.

Todos estaban ansiosos por ver la presentación. Tomaban la información, la examinaban, la ponían a prueba y veían si era correcta o no. Luego regresaban y las únicas preguntas que tenían eran: "¿Cuándo podemos pagar cientos de miles de dólares por su producto? ¿Qué tan pronto pueden instalarlo? ¿Cuántos días pasarán antes de que podamos usarlo?" No había pregunta sobre si sí, si no, si tal vez, si había descuentos, ni nada más. Sólo querían saber qué tan pronto podrían tener el producto.

Yo mismo he usado esta estrategia a lo largo de los años porque, en especial en los tratos B2B, de negocio a negocio, la gente espera ganar más dinero de lo que le costó el producto. Se supone que éste generará mayores ahorros a la baja o mayores ingresos a la alta. De lo contrario, la empresa no debería adquirirlo y tú no deberías venderlo.

Por todo esto, debes tener claridad absoluta respecto a qué tanto mejorará la vida de tu cliente si compra y usa tu producto o servicio. Primero tienes que persuadirlo de que esto es real, y luego tienes que probarlo.

Hace poco un amigo mío compró un anuncio de una página completa en la revista *USA Today*; era un anuncio de estrategias de *marketing*. Decía: "Contráteme y le daré 120 mil dólares de asesoría gratuita sobre estrategias de *marketing*". Es una propuesta muy valiente, pero yo sé por qué esta persona se permite hacer esto. Porque está ofreciendo lo que se llama *reversión de riesgo*, una estrategia que se basa en la siguiente premisa: "Siempre que adquieres cualquier producto o servicio nuevo existe un riesgo, por eso te voy a ofrecer el mío, pero lo voy a estructurar de tal suerte que si no obtienes los beneficios que prometo, no te cobraré. Voy a revertir la situación y voy a poner la balanza a tu favor. Tú no correrás ningún riesgo. Si no tienes éxito, no te cobraré. Si tienes éxito, ganarás o ahorrarás una cantidad enorme de dinero".

Esta persona tiene la capacidad de comprar anuncios de una página completa en publicaciones a nivel nacional porque su oferta es muy buena, porque el teléfono suena tanto que el auricular salta de su base. La gente dice: "Por favor, por favor, toma mi dinero. Véndeme tu producto. Llámame. Hazme llegar tu producto". Y todo esto se debe a la claridad.

Mi amigo dice: "Déjame echarle un vistazo a tu negocio, ver cómo funciona y cuánto cuesta. Luego te diré si puedo ofrecerte esta reversión de riesgo en nuestra transacción. Si no puedo, no te venderé y tú no tendrás que comprar".

Algunas de las personas más adineradas del mundo han podido demostrar que el costo de su producto o servicio es bajo en comparación con los beneficios que recibirás. Se trata exclusivamente de la claridad.

El cliente te va a preguntar: "En primer lugar, ¿por qué debería comprar este producto? En segundo, ¿por qué debería comprártelo a ti? Y en tercero, ¿por qué necesitaría comprarlo ahora?", así que tus respuestas deberán ser contundentes.

En particular en las empresas, todas las personas que se encuentran en posición de tomar decisiones y adquieren un producto o servicio, formularán cuatro preguntas, incluso si no todas las hacen en voz alta:

1. ¿Cuánto cuesta? ¿Cuánto dinero tengo que darte para obtener los beneficios de lo que estás ofreciendo?

2. ¿Qué beneficios obtendré con exactitud? Cuantificados en cifras.
3. ¿Qué tan pronto obtendré esos beneficios?
4. ¿Qué tan rápido me beneficiaré de ellos?

Se trata de ¿cuánto ingresará?, ¿cuánto saldrá?, ¿qué tan rápido?, ¿con cuánta seguridad? Durante el transcurso de la conversación, tu objetivo será responder todas estas preguntas. Si no lo haces, el cliente no tendrá otra opción más que decir: "Déjame pensarlo, yo te llamo. Envíame la información por correo electrónico. No me marques, yo te llamo a ti".

Sin embargo, si puedes ser claro respecto a tus respuestas, le venderás todo lo que desees a toda la gente que quieras.

EL PODER DE LAS METAS

Durante años he hablado del poder de establecer metas. En este contexto, ahora hablaremos respecto a cómo usarlas para ser más productivo en tu carrera.

Todos los estudios que he visto en mi vida, y créeme que he estudiado este tema como loco, indican que sólo 3% de los adultos tienen metas y planes escritos. El resto, el 97%, tiene esperanzas, deseos y, quizás, algunas anotaciones, pero no tienen planes bien delineados en papel.

Si analizas a las personas que más dinero tienen en cualquier sociedad, verás que también tienen metas. De la misma manera, si analizas a la gente pobre, verás que no ha planeado nada. Es sí o no, blanco o negro, arriba o abajo. Es muy simple.

En mis seminarios públicos —que organizo unas cuatro veces al mes, aprovechando las plataformas digitales— me he dirigido a más de cinco millones de personas. En casi todos ellos he invitado a los presentes a regresar a la bases y a hablar de los objetivos o metas. Cada semana la gente regresa para decirme: "Cambiaste mi vida. Gracias a ti me volví rico. Me enseñaste lo que son las metas".

Cuando les pregunto: "¿Con qué piensas que te ayudé más?", me contestan: "Con las metas. Asistí a las mejores escuelas y vengo de una buena familia, pero nunca tuve dinero. Luego, poco menos de un mes después de escribir mis metas, mi vida se transformó. Fue asombroso".

SIETE PASOS PARA ESTABLECER METAS

Tengo un proceso increíblemente eficaz de siete pasos para establecer metas que he enseñado en todo el mundo.

PASO 1: DECIDE LO QUE QUIERES

Ya hablé respecto a la claridad. El primer paso siempre consiste en que *decidas con exactitud qué es lo que deseas en cualquier área de tu vida*. Tu meta es aquello con lo que quieres terminar al final del día, lo que deseas lograr. ¿Qué es lo que quieres ser, tener o hacer?

También debes ser específico. Tu objetivo deberá ser suficientemente claro como para explicárselo a un niño de cinco años, que éste se lo cuente con exactitud a otra persona, y que esa tercera persona entienda lo que deseas.

PASO 2: ESCRÍBELO

El paso dos es *escribir tu meta*. Tienes que plasmarla a mano, no puedes mecanografiarla, y hay una razón para ello. A lo largo de los años he seguido los resultados de un estudio que ha sido reproducido una y otra vez: los estudiantes universitarios que toman notas en sus laptops no recuerdan nada de lo que escribieron. En cambio, quienes escriben sus notas a mano, incluso si tienen una inteligencia común y provienen de entornos promedio, les dan la vuelta varias veces a los genios que las mecanografían porque, para cuando éstos cierran la laptop al final de la clase, ya olvidaron todo lo que escribieron.

Por eso debes escribir tus metas a mano. De esta manera es como si las estuvieras plasmando en tu supraconciencia. Como si las escribieras en una pantalla, digamos. Cuando dejas de escribir, este texto es transferido a tu supraconciencia.

Seguramente has escuchado hablar de la ley de la atracción, que, en pocas palabras, dice que tú atraes a tu vida a la gente y las circunstancias que están en armonía con tus pensamientos dominantes. Por esta razón, tu objetivo más importante es tener claridad absoluta respecto a esos pensamientos dominantes. Si tienes pensamientos respecto al fracaso, respecto a la preocupación o a la pérdida de dinero, ésas son las cosas que atraerás a tu vida.

La mayoría de las personas usan este increíble poder en su propia contra. Piensan en todo lo que les preocupa, como sus facturas, sus problemas y la gente que les podría hacer daño, y, ¡sorpresa!, continúan atrayendo a gente negativa a su vida. ¿Y con qué tipo de personas se relacionaron la mayor parte del tiempo? Con gente que se queja y no deja de mascullar respecto a los problemas de su existencia.

¿En qué piensan? Se quedan recostados y despiertos toda la noche pensando en situaciones negativas, volviendo a construir este campo de energía. Recuerda que todas las personas son como imanes ocultos, todas tienen un imán en su mente. De la misma manera que los imanes atraen las partículas de hierro, esta gente atrae a su vida personas y circunstancias en sintonía con imágenes e ideas negativas, en particular si son presa de la emoción.

Infundirle emoción a una meta, que es justo lo que haces cuando la escribes a mano y la vuelves a leer, es como inyectarle energía y darle incluso más poder y fuerza. Por eso, cuando escribes de manera positiva creas un campo magnético de energía que empieza a vibrar y a atraer a tu vida gente, situaciones, ideas y reflexiones que te ayudan a alcanzar tus metas y hacerlas realidad.

PASO 3: ESTABLECE UNA FECHA LÍMITE

El paso número tres es *establecer una fecha límite.* La fecha límite se comunica con tu subconsciente, y éste le provee a tu supraconsciente el material de trabajo respecto a la fecha en que deseas cumplir la meta. Tu supraconsciente necesita saber. No puedes sólo decir: "Quiero ser rico en algún momento en el futuro", porque eso podría significar 30 o 40 años.

Insisto en que es un asunto de claridad. Mucha gente que ha participado en mis seminarios me ha dicho: "Desperdicié años de mi vida sólo por el hecho de no ser claro". ¿Cómo puede funcionar esta increíble computadora supraconsciente que tengo en el cerebro si no le doy instrucciones? ¿Si no le digo qué hacer ni la guío?

Te daré un ejemplo. Imagina que llamas por teléfono a un restaurante elegante.

—Hola, me llamo Brian Tracy y me gustaría cenar en su restaurante —dices.

—¿Cuándo le gustaría venir? —te pregunta la persona al otro lado de la línea.

—Bueno, no estoy seguro.

—¿Cuántas personas lo acompañan?

—No lo he decidido todavía.

—¿Para qué hora de la tarde le gustaría hacer esta reservación?

—Tampoco he confirmado eso, pero de todas formas me gustaría hacer una reservación y que usted la respete en el momento en que yo me presente.

Probablemente la persona al otro lado de la línea llegará a la conclusión de que necesitas que un médico te revise la cabeza, porque si no tienes claros esos simples datos, no puedes ni siquiera hacer una reservación.

Por lo tanto, imagina que tu subconsciente tiene un poder increíble y puede darte todo lo que desees en la vida, pero tienes que ser claro al respecto.

Te daré otro ejemplo breve que no suelo compartir con mucha gente. Cuando empecé a trabajar en las metas, hace muchos años, era todavía soltero y quería conocer a la mujer ideal para mí. Sabía que establecer metas funcionaba porque era algo que ya había usado. Así que me dije: si funciona para adquirir un automóvil, conseguir un empleo y ganar dinero, ¿podría usarlo para encontrar a la persona perfecta?

Entonces escribí una descripción de la persona ideal para mí. Creo que hice una lista de unas 25 cualidades que quería que tuviera esa mujer y, sorpresa, en cuestión de semanas ella apareció en mi vida. La conocí, la vi, ella me miró, salimos a tomar un café, luego a cenar, e iniciamos una relación que duró casi dos años.

En mi descripción había descuidado ciertos rasgos: que fuera tranquila, positiva y alegre, y que tuviera una personalidad normal. Esa mujer resultó estar loca. Todos tenemos una pareja neurótica en algún momento de nuestra vida, alguien que nos enseña lo que en verdad queremos y lo que no queremos en absoluto.

Un par de años después conocí a Barbara, la mujer que ahora es mi esposa. Ambos estábamos tomando algunos cursos en la universidad local. Ella no estaba segura de lo que quería hacer con su vida, así que me dijo:

—¿Cómo podría encontrar al hombre ideal para mí?

—Es muy sencillo —le dije—, sólo siéntate y escribe una lista de todo lo que quieras que tenga ese hombre.

—¿Y por qué tendría que funcionar?

—No te inquietes —le dije—, funciona.

—¿Pero no te parece que es una estrategia fría, inflexible y poco romántica?

—No, no lo es. Lo que no es romántico es encontrar a la persona equivocada y que eso sacuda tu vida durante un periodo prolongado —expliqué.

—Es una idea interesante —dijo ella.

Entonces cada uno se fue por su lado. Yo regresé a casa y pensé que era hora de hacer una nueva lista; así que me senté, tomé una hoja de papel y comencé a escribir. Había unas 40 cualidades que quería en la persona perfecta para mí, y entre ellas ahora se encontraba *normal, equilibrada, amigable, compasiva, agradable, de trato fácil, relajada, abierta y flexible.*

El tiempo pasó y un día recibí una llamada de Barbara.

—Seguí tu consejo y me gustaría hablar contigo respecto a los resultados.

—De acuerdo —dije—, nos vemos en la universidad.

Nos encontramos y le pregunté:

—¿Qué sucedió?

—Escribí todas las cualidades como me indicaste y descubrí quién era la persona perfecta para mí.

—Genial, ¿quién es?

—Eres tú —contestó.

Me sentí sorprendido, pero lo pensé un poco y le eché un vistazo a mi lista. Poco después descubrimos que cada uno había descrito al otro a la perfección. Nos casamos y hemos estado juntos 40 años.

¿Esta estrategia funciona en los negocios? En una ocasión tuve un nuevo producto que desarrollé en mi negocio. Era algo genial, así que necesitaba una persona súper eficiente que viniera a trabajar para mí y que colocara y vendiera el producto en el mercado, principalmente bajo el esquema de comisiones. Entonces me senté y escribí una lista de 32 características que pensé que debería tener la persona perfecta. Dos días después sonó mi teléfono. Era un ejecutivo muy competente que se encontraba buscando empleo tras haber dejado uno recientemente, y que había escuchado hablar de mí. Se preguntaba si podía visitarme y hablar conmigo respecto a trabajar para mi empresa. No es usual en mí aceptar ese tipo de invitación, pero en esa ocasión lo hice.

Cuando el ejecutivo llegó, le dije: "Tengo unos 30 minutos, pero luego debo irme". Pasé tres horas hablando con él y lo contraté ese día. Es algo que nunca hago, contratar a una persona en la primera entrevista. El ejecutivo empezó a trabajar para mí y realizó una labor notable. Era inteligente, competente, capaz y creativo, además de ser un excelente vendedor y conocedor del *marketing*. Lo tenía todo.

Un mes después me senté con él y le dije: "Quiero mostrarle algo; es un sistema que le enseño a la gente y que usé para contratarlo. Es una descripción que hice de usted antes de conocerlo". Analizamos la lista y corroboramos que él tenía todas las características que yo había anotado, más unas seis o siete adicionales. Podía hacer programación informática y trabajar con sistemas de datos de otras empresas entre las que había clientes potenciales para nosotros. Este individuo era asombroso.

Entonces ¿funciona la estrategia? Sí, por supuesto. Anotar descripciones precisas te ofrece beneficios y te fuerza a pensar con claridad. Basta con empezar a escribir.

Cuando me casé, mi esposa y yo echamos a andar un negocio y nos quedamos sin dinero. Tuvimos que mudarnos a una casa rentada. Nos sentamos a conversar y le dije: "De acuerdo, no quiero vivir en este lugar para siempre, pero ¿adónde queremos mudarnos?, ¿dónde *sí* queremos vivir?" Hicimos una lista de 42 características que queríamos que tuviera la casa perfecta. Todavía conservamos la lista. Después de escribirla compramos revistas con casas hermosas: *Better Homes and Gardens* y *Architectural Digest*. Escribimos las características y nos pusimos a trabajar.

Dos años y medio después nos mudamos precisamente a esa casa en otra ciudad, otro estado, otro país. Tuvimos que ganar el dinero para comprarla y pagarla, pero fue algo asombroso.

Entonces ¿funciona? Sí, funciona.

Para resumir hasta este momento: paso número uno, decide con exactitud lo que quieras como para poder explicárselo a un niño de cinco años. Paso número dos, escríbelo de tal forma que ese niño lo pueda leer y entender con claridad. Paso número tres, establece una fecha límite. ¿Cuándo quieres lograr esta meta?

PASO 4: HAZ UNA LISTA

El cuarto paso es *hacer una lista*. Saber hacer listas es una de las habilidades más importantes que existen para obtener riqueza y felicidad. La lista te fuerza a pensar en el nivel más elevado y, al mismo tiempo, a activar tu subconsciente desde el nivel más bajo.

Escribe absolutamente todo lo que se te ocurra que tendrías que hacer para alcanzar tu objetivo, todo lo que te venga a la mente. Por cierto, esta etapa suele necesitar varias revisiones de lo que plasmes en papel, así que debes escribir, regresar a la lista, reescribirla, regresar y volver a redactar. Es posible que termines con unas tres o cuatro páginas.

Es algo muy parecido a lo que sucede cuando una empresa desea iniciar un negocio nuevo con un nuevo producto para un mercado nuevo. Primero, los ejecutivos deben escribir una lista de todo lo que tendrán que hacer para desarrollar el producto.

Ya podrás imaginar los cientos de páginas de listas que tuvo que hacer Apple para lanzar el primer iPhone. Antes de llegar al momento de poder anunciarlo en San Francisco y lanzarlo al mercado, aproximadamente 4 mil ingenieros tuvieron que trabajar en el planeamiento del producto en todo el mundo.

PASO 5: ORGANIZA LA LISTA

El paso número cinco es *organizar la lista*. Deberás organizarla por prioridades. Hay un maravilloso libro de negocios llamado *The Checklist Manifesto* que he leído dos o tres veces porque me resulta fascinante. Habla sobre personas que escribieron listas claras y detalladas en cuanto al orden de los pasos de procedimientos muy complicados, y luego siguieron todos esos pasos de manera impecable y sin cometer errores. Otros individuos que tenían más habilidades, conocimiento y dinero abandonaron la faena o se saltaron algún paso clave. Se arruinaron a sí mismos, echaron a perder sus negocios y con frecuencia causaron incluso la muerte de mucha gente.

En *The Checklist Manifesto* el autor dice: haz una lista. Todo el éxito proviene de hacer una lista de todo lo que necesitarás hacer en la secuencia y orden determinados, para alcanzar el objetivo. ¿Qué haces primero? ¿Qué haces en segundo lugar? ¿Cuál es el tercer paso? ¿Qué sigue?

PASO 6: ACTÚA

El paso número seis es *actuar*. Ya tienes la lista, ya sabes cuál es tu objetivo y también tienes una fecha límite. Ahora actúa. Muévete, despierta, levántate de donde estés. Levanta el teléfono, entra a internet. Lo que sea, pero haz algo de inmediato. Lanza ese balón, patéalo como si estuvieras en un juego de futbol americano. No sólo lo hagas a un lado ni digas: "Ya tengo el objetivo porque está escrito".

De entrada, te sorprenderá ver lo que sucede tras sólo escribir tu meta. Tu supraconsciente empezará a trabajar 24 horas diarias para hacer que esa meta sea parte de tu vida. Luego, al actuar, desencadenarás tus poderes mentales y activarás el supraconsciente.

PASO 7: HAZ ALGO CADA DÍA

El paso siete consiste en *hacer cada día algo que te acerque por lo menos un paso más a tu objetivo*. Estoy hablando de cada uno de los siete días de la semana. Puedes hacer más de un paso si quieres, puedes trabajar en el paso previo durante más tiempo, pero deberás hacer algo cada día, los siete días de la semana. Hasta que alcances tu meta.

Si haces esto, en muchos casos te convertirás en tu peor enemigo, en tu mayor crítico. Es probable que establezcas una meta ridícula como: "Quiero ser millonario". Recuerdo que hace muchos años me puse ese objetivo, cuando vivía en un pequeño departamento que rentaba amueblado. Casi no tenía dinero, era vendedor y vivía sólo de mis comisiones. Entonces me senté y escribí que quería ser millonario, me pregunté: *¿Qué pasos tendría que dar para llegar a ser millonario?*

Tomando en cuenta lo que ahora sé respecto a la psicología del éxito, esto es lo que contestaría hoy:

1. Levántate temprano todos los días. La gente exitosa se levanta al amanecer.
2. Escribe y reescribe tus objetivos en tiempo presente. Toma una hoja de papel (yo prefiero las de cuadernos con espiral) y escribe 10 objetivos. Puedes escribir más, pero tu mente sólo puede sentirse cómoda con entre 10 y 15 objetivos a la vez. Más de eso la abrumará.

Anota las metas en presente, como si ya las hubieras cumplido. En lugar de escribir: "Lograré tal meta", escribe: "En esta fecha específica soy un millonario que amasó su fortuna por sí mismo". Hazlo así con todas las metas.

1. Lee una hora o más al día. Lee algo educativo, espiritual, motivacional. Lee algo que sea como proteína para tu mente, algo que te haga sentir mejor respecto a ti mismo y a tu vida.
2. Haz una lista y establece las prioridades en ella.
3. Comienza a trabajar en tu primera prioridad, en lo más importante que puedes hacer. Trabaja en ello hasta completar la tarea.
4. Escucha programas en tu automóvil. Aprovecha cada minuto del tiempo que pases transportándote, conviértelo en tiempo de aprendizaje. Yo comencé a hacer esto cuando manejaba un automóvil que tenía reproductor de cintas. Después tuve un auto con reproductor de CD. Ahora puedes guardar todos tus programas en un iPod e incluso llevarlos contigo cuando sales a hacer ejercicio.
5. Después de cada experiencia hazte dos preguntas. Yo les llamo las "Preguntas mágicas" porque te pueden volver rico:

1) ¿Qué hice bien en esa última llamada o actividad? *2)* ¿Qué haría de manera distinta la próxima vez?

En resumen, ¿qué sí hice bien?, ¿qué haría de manera distinta la próxima vez? Las dos preguntas son mágicas porque te fuerzan a pensar de manera positiva respecto a lo mejor que ya hiciste y a lo mejor que harás en el futuro.

Estos siete pasos son geniales, lo sé porque trabajé con base en ellos y los apliqué todos los días. En siete meses no noté ninguna diferencia, pero luego mis ingresos empezaron a remontar. Seguí los pasos durante un año y mis ingresos se incrementaron más. Continué así, y cinco años después mis ingresos habían aumentado 10 veces, así que continué trabajando así todos los días. Cinco años más tarde mis ingresos habían vuelto a crecer 10 veces. Aumentaron un total de 100 veces en 10 años.

Este consejo se lo he dado a gente en todo el mundo, de todos los estratos económicos posibles, y después me dijeron que mi proyección era demasiado conservadora porque ellos se hicieron millonarios o aumentaron sus ingresos 10 veces entre seis y ocho años solamente.

En cualquier caso, recuerda que el último paso del establecimiento de metas es hacer algo cada día. Esto nos lleva de vuelta a la autodisciplina. En muchas ocasiones la gente se ha acercado y me ha dicho: "Yo estaba en bancarrota, era alcohólico, me había divorciado. Entonces empecé a seguir su sistema de establecimiento de metas. Ahora soy rico, tengo tres negocios y 38 empleados. Nunca había tenido tanto dinero. Usted cambió mi vida, me volvió rico".

Ahora bien, ¿cuál es el costo material de lo que acabo de explicar? No hay ninguno. Cero. No te estoy pidiendo que vayas y pagues una fortuna por un sistema del éxito que podría funcionarte o no. Sólo te estoy pidiendo que inviertas un poco de tu tiempo en tu futuro, aplicando el conocimiento que yo he usado con cientos de miles de personas en 83 países. Hasta ahora nadie me ha dicho que no le funcionó. No he recibido ninguna carta, correo electrónico o comentario en vivo de alguien que me diga: "Seguí sus consejos y no funcionaron". Al contrario, cien por ciento de las personas que me han comentado que siguieron mis consejos dicen que les funcionaron de maravilla. "Logré más y lo hice más rápido de lo que jamás imaginé posible", comentan.

Un hombre me llevó al aeropuerto en su flamante Mercedes-Benz. Empezó a trabajar en un nuevo empleo de ventas sólo un año antes de tomar mi curso. Otras personas tienen hermosas casas nuevas o chalets en las montañas, y en el invierno viajan a los centros vacacionales de esquí. Comen en restaurantes caros y tienen vidas maravillosas.

Quienes más aprecian esto son quienes provienen de la clase trabajadora, de familias promedio; gente que asistió a escuelas ordinarias y que vivía en vecindarios comunes y corrientes, pero que ahora es rica. Ahora, todos los demás los miran con respeto y sus familias los admiran por lo que han logrado, mientras ellos sólo guiñan y asienten diciendo: "Fue muy sencillo, te garantizo que funciona".

Éste es el consejo que te doy respecto a establecer y cumplir metas: escríbelas y trabaja en ellas todos los días. Te sorprenderá ver lo que sucede. En cuatro años que llevo enseñando este concepto no he tenido ni una sola historia de fracaso.

Conocí a un hombre que tomaba algunos cursos en la universidad. Estudiaba uno de química y se enamoró de esta ciencia, así que estableció un objetivo y lo escribió: "Voy a volverme tan bueno en química que obtendré el Premio Nobel". Tenía 22 años cuando se puso esa meta y 42 cuando subió al proscenio para recibir el Premio Nobel por teoría química. Lo recibió junto con otros dos científicos de primera categoría.

—Nunca lo dudé —me dijo—. Siempre supe que recibiría un Premio Nobel. Solía ver la entrega en televisión. Leía sobre los ganadores. En una ocasión que estaba de vacaciones, fui a Estocolmo, la ciudad donde entregan los Nobel. Simplemente lo imbuí en mi mente y funcionó.

"Luego, un día hice un gran descubrimiento y me enteré de que había otros dos científicos trabajando en esta área, uno de ellos estaba en Estados Unidos y el otro en Europa. Me comuniqué con ellos y nos conocimos. Reunimos nuestras ideas y ganamos el premio en conjunto.

"Gracias al premio ahora soy profesor de planta en una de las mejores universidades del mundo. Mis ingresos son mayores de lo que jamás imaginé que llegaría a ganar, y convivo con las personas más inteligentes y de mayor calidad en el mundo. Colaboro con estudiantes provenientes de los mejores hogares del país. Trabajé en mi meta durante años sin dudar ni un instante."

Esto es lo que sucede cuando tienes objetivos y planes claros. Te fuerzas a volverte organizado. Si no tienes objetivos es como si manejaras un automóvil sin volante en un estacionamiento inmenso; sólo vas de aquí para allá. Tu vida avanza y retrocede; te detienes, abandonas tus metas y cualquiera te puede interrumpir, en especial cuando se trata de actividades en internet. Cualquier situación puede impedirte trabajar porque no tienes un objetivo. No tienes dirección ni destino.

Sin embargo, en cuanto tengas un destino, te dirás: *Regresa al trabajo, regresa al trabajo*, y harás solamente las cosas que te ayuden a acercarte al final de tu tarea más importante de cada día.

La fe y la confianza son esenciales para todo este proceso. Imagina que alguien que tiene grandes poderes, que nunca se equivoca ni fracasa, te ha garantizado que lograrás una meta específica, y luego sólo procede diariamente como si esa meta fuera pan comido.

Una de mis historias favoritas involucra a un importante hombre de negocios. El hijo de uno de sus amigos se metió al negocio de las ventas, consiguió una cita con él y fue a verlo a su oficina.

—Terminé la universidad y ahora me dedicaré a las ventas. Mi padre organizó esta reunión porque me gustaría saber si podría ayudarme a encontrar algunos prospectos para mi producto.

—Me da gusto que me pidas esto —dijo el hombre de negocios—, pero ¿por qué venir a mí?

—Porque usted conoce mucha gente y seguramente tiene algunos nombres a la mano.

—Sí —dijo el hombre—, conozco a mucha gente; déjame darte una lista.

El hombre salió, le dio instrucciones a su secretaria, y luego ella entró a la oficina con una lista mecanografiada de nombres, direcciones y números telefónicos.

—Aquí hay una lista de 10 personas. Son muy buenos prospectos —explicó el hombre de negocios—, puedes llamarles.

El joven salió de la oficina y le llamó a la gente de la lista muy entusiasmado. Estaba en verdad muy contento porque había comenzado su carrera de ventas con las referencias que le dio uno de los hombres de negocios más importantes de la ciudad. Concretó ventas con cinco de las 10 personas y regresó la semana siguiente a la oficina.

—Quería agradecerle muchísimo —dijo—. Me ayudó a iniciar mi carrera, ahora les llevo ventaja a todos con quienes comencé. ¿Cree que podría darme otra lista de nombres?

—Por supuesto, aguarda un minuto —el hombre de negocios salió de la oficina y regresó con el directorio telefónico de la ciudad en las manos—. Aquí tienes, son las *Yellow Pages*, aquí encontrarás todas las empresas del ramo. Hay varios cientos. De aquí saqué los primeros 10 nombres, ahora tú puedes elegir otros 10.

El joven no cabía en sí. Cuando hizo las llamadas se sintió sumamente confiado de que haría las ventas porque creía que las personas de la lista eran amigos de aquel poderoso hombre de negocios, pero no era así.

Hay otra famosa historia de un entrenador de beisbol que dirigía un equipo que se había desplomado porque perdió varios juegos. El entrenador reunió a los jugadores y les dijo:

—Escuché que había un mago en la ciudad, una persona que puede hacer hechizos. Tal vez nos ayude a salir de este periodo difícil. Quiero que todos me den su bat favorito, se los voy a llevar y a pedirle que haga algo con ellos.

—De acuerdo —dijeron los jugadores. De cualquier forma, todos sentían que habían tocado fondo y estaban deprimidos.

El entrenador tomó unos 10 o 15 bats y se fue por la tarde. Regresó en la noche y les devolvió el equipo.

—El mago hizo un hechizo con los bats, dijo que mañana conectarían jonrones todo el día —explicó.

Al día siguiente los jugadores salieron al campo de juego y conectaron un jonrón tras otro. Lograron un número increíble de cuadrangulares. Los jugadores estaban encantados y felices.

—Genial, podemos usar estos mismos bats y ganar el torneo —dijeron varios.

Otro preguntó:

—Yo no estuve aquí ayer, ¿el mago podría lanzarle el hechizo a mi bat hoy?

—Tengo que decirles la verdad —dijo el entrenador—. No hay ningún mago; sólo me llevé los bats, los guardé en mi automóvil toda la tarde y luego volví con ellos. La magia estuvo en su mente, en la confianza que sintieron al pensar que conectarían jonrones al día siguiente.

Recuerda que todo está en tu cabeza. Se trata de la confianza que tengas. La afirmación más maravillosa es también la más simple: "Puedo hacerlo. Puedo hacerlo. Me agrado a mí mismo y puedo hacer esto".

Cuando me dedicaba a las ventas creé mi propia afirmación, es la misma que he compartido con un millón de vendedores: "Me agrado a mí mismo y amo mi trabajo". No importa en qué área te desempeñes actualmente, cada mañana, cuando despiertes, dite a ti mismo: "Amo mi trabajo. Me amo a mí mismo y amo mi trabajo. Amo mi trabajo. Amo mi trabajo".

Si es algo que no puedes decir, entonces tal vez hay algo que debas reconocer. Esto podría significar que tienes el empleo equivocado. Ahora bien, por favor entiende esto: no significa que sea un mal trabajo o que la empresa sea mala. Ni siquiera significa que tu jefe o el producto, o cualquier otra cosa relacionada con tu empleo no funcione. Sólo significa que no es el trabajo adecuado para ti.

Cuando se habla de citas románticas, muchos dicen que tienes que besar un montón de sapos antes de encontrar a tu príncipe. Cuando sales con alguien conoces a muchas personas del sexo opuesto. Con algunas de ellas te llevarás bien durante un periodo breve, con otras no te entenderás jamás, sin embargo, si una relación no funciona no es porque haya algo malo en la otra persona, sino porque no eran el uno para el otro. Eso es todo.

Me parece increíble cuánta gente puede ser infeliz durante años porque tuvo una relación que no funcionó. No es algo personal: algunas relaciones funcionan, otras no. Si tienes un empleo y no te agrada, o si no te gusta la empresa, no es porque ésta sea mala. No debes hablar mal de una organización ni de una persona, este tipo de cosas suceden. Una de las frases más contundentes que hay es: *así pasa*. No había química.

EL MEJOR SISTEMA DE ADMINISTRACIÓN DEL TIEMPO

Hace años, la gente tenía sistemas de organización y administración que llevaban consigo. Como las agendas por día, por ejemplo. Ahora hay una nueva generación de aplicaciones y herramientas digitales para que la gente sea más eficiente y se mantenga alineada con sus compromisos.

Te contaré mi experiencia con estos sistemas. Hace años me pidieron que produjera un programa de audio sobre administración del tiempo. Empecé a leer distintos libros y artículos sobre el tema, y descubrí que en Estados Unidos había cuatro empresas importantes que ofrecían seminarios de un día para organización del tiempo. Los seminarios incluían la presencia de planificadores especializados en administración del tiempo. Te enseñaban a organizar tus horas, establecer tus metas, ser más productivo, planear cada día, etcétera.

Viajé a las cuatro ciudades en las que se podía aprender esos sistemas: Toronto, Nueva York, Denver y Los Ángeles. Viajé, pasé un día completo en cada seminario y tomé notas de todo. Luego solicité que me enviaran información de los sistemas de administración del tiempo en todo el país, y también de uno que se impartía en Dinamarca. Un buen amigo mío que es danés ordenó este sistema y lo tradujo para que yo pudiera leerlo. En aquel tiempo era el más popular en Europa.

Analicé todos los sistemas y descubrí cómo funcionaban. Luego armé un sistema propio. Cuando aparecieron las computadoras compré todos los planificadores que encontré y trabajé con ellos. Así descubrí que no podía disciplinarme para seguirle el paso a ninguno.

Tiempo después, la revista de negocios *Inc.* realizó un estudio. Entrevistaron a 50 emprendedores, presidentes de empresas de rápido crecimiento, y les preguntaron cuál era su sistema de administración de tiempo preferido. Todos ellos dijeron que preferían las páginas en blanco de los blocs de notas con hojas amarillas. Dijeron que su sistema favorito era una libreta en la que anotaban todo lo que tenían que hacer a lo largo del día. Organizaban la lista por prioridades, es decir, dependiendo de las actividades que tenían que hacerse primero. Alguien dijo: "Si sólo pudiera hacer algo hoy antes de que me dijeran que tengo que salir de la ciudad un mes, ¿qué tarea me aseguraría de terminar? Empezaba con la tarea número uno y me dedicaba a ella por completo. Así fue como llegué a ser presidente de una empresa muy exitosa". Parece que el mejor sistema de administración del tiempo sigue siendo la hoja en blanco y una pluma.

La regla indica que por cada minuto que pases planeando ahorrarás 10 en la ejecución. Te toma entre 10 y 12 minutos hacer una lista y organizarte al principio del día. Es incluso mejor hacerlo la noche anterior para que cuando te vayas a dormir tu subconsciente trabaje en la lista toda la noche. A veces despiertas por la mañana y tienes ideas fenomenales que pueden cambiar tu vida y volverte rico.

Redacta tu lista la noche anterior y establece tus prioridades. A la mañana siguiente comienza con la primera meta que te hayas propuesto. Hacer la lista te tomará 12 minutos y te ahorrará dos horas. Si tomas esas dos horas y las inviertes en tus tareas más valiosas, serás más y más productivo, y cada vez te pagarán más. Tendrás más oportunidades, tu mente se volverá cada vez más aguda, y no sólo cumplirás tus metas, también serás rico.

UN PASO DE ACCIÓN

Permíteme cerrar este capítulo con un paso de acción. Hace algunos años ofrecí un programa de entrenamiento empresarial en el que llevaba entre 30 y 40 empresarios a San Diego para trabajar con ellos durante un día completo, cuatro veces al año. La garantía que les ofrecía era que, si seguían mis ejercicios, estructurados para seguirse diariamente, y si aplicaban el plan que habían organizado en el día que pasaron conmigo, duplicarían sus ingresos y su tiempo. De no ser así (ésta es la reversión de riesgo), el programa no se les cobraría y yo les reembolsaría el 100% de lo que habían pagado por asistir.

Este programa lo ofrecí durante siete años, en cada ocasión trabajé con unos cuatro o cinco grupos de empresarios. Al final de esos siete años estaba tan ocupado haciendo otras cosas que tuve que dejar de ofrecer el programa, pero nunca recibí una solicitud de reembolso.

Los asistentes duplicaron o triplicaron sus ingresos en, incluso, siete días. Algunas personas los duplicaron a la semana siguiente o hasta antes de que terminara la primera. Todos duplicaron sus ingresos. Como ya lo mencioné, algunos los duplicaron o los triplicaron y empezaron a pasar con su familia más tiempo que nunca.

Al principio de las primeras sesiones le entregaba a cada uno de mis estudiantes un cuaderno de espiral, como los que usas en la escuela, y le decía: "Quiero presentarte a tu nuevo mejor amigo. Te estoy dando esto porque no quiero dar reembolsos. Te garantizo que si usas este cuaderno de espiral no tendrás que solicitarme que te devuelva tu dinero porque duplicarás tus ingresos y tu tiempo".

Por la mañana les enseñaba a escribir en el cuaderno 10 metas que les gustaría alcanzar en los siguientes 12 meses. Es lo mismo que me gustaría que hicieras ahora. Consigue un cuaderno y escribe 10 objetivos que te gustaría alcanzar. Escríbelos en tiempo presente: "Es diciembre 31 de este año y gano esta cantidad de dinero. Peso tal cantidad de kilos en esta fecha específica del año. Hago este viaje o lanzo este producto; inicio este negocio...", escribe tus metas sin importar cuáles sean. Puedes tener metas de negocios, financieras, de salud y, por supuesto, familiares.

Escribe los tres objetivos o metas en tiempo presente como si ya los hubieras cumplido. Tu subconsciente no se puede concentrar en una meta que no esté escrita en tiempo presente, por eso debes redactarla así, como si ya hubiera sucedido y se la estuvieras contando a alguien: "Gano un millón de dólares al año. Este año he ganado 10 veces más de lo que ganaba hace cinco años", o cualquier objetivo que te hayas propuesto.

Mantén tus metas dentro de un plazo de 12 meses. Este tipo de metas motivan más y tienen más fuerza que cualquier otra. Luego, cada mañana, cuando inicies el día, pregúntate: "Si sólo pudiera completar una tarea hoy, ¿cuál sería? Si necesitara terminar una tarea antes de tener que salir de la ciudad un mes, ¿cuál elegiría?"

Después revisa tu lista de actividades planeadas para el día y encierra en un círculo la que hayas elegido. El paso número tres es empezar a trabajar en esa tarea sin distraerte en ninguna otra, como si la casa se estuviera incendiando y tú tuvieras que terminar tu labor antes de quemarte.

Escribe. Trabaja sin parar en tu tarea más importante hasta terminarla: no hagas ninguna otra cosa. No hables con tus amigos. Si alguien te dice: "Oye, ¿tienes un momento para conversar?", contesta: "Sí, pero al terminar de trabajar. Ahora tengo que terminar esta tarea. Tengo que terminarla. Tengo que acabarla hoy y estoy retrasado".

Nadie te molestará. En cuanto les digas que tienes que acabar algo, se retirarán. Si regresan, vuélveles a decir: "No he terminado, necesito acabar esto". Como te lo dije antes, dejarán de molestarte.

Haz estas tres cosas: *1)* todas las mañanas escribe 10 metas en tiempo presente en tu cuaderno de espiral, *2)* planea tu día y elige la primera tarea, *3)* empieza a trabajar en ella de inmediato.

Recuerdo cuando empecé a enseñar este proceso. Un caballero se inscribió a mi programa y me dijo que había asistido durante tres años a otro curso de entrenamiento por el que pagó 25 mil dólares anuales. Después de tomar mi programa me dijo que había logrado más en un mes con esta lista de 10 objetivos, de lo que había logrado en los tres años del otro entrenamiento por el que pagó 75 mil dólares. El señor no podía creerlo: su vida, su negocio, todo se transformó casi de la noche a la mañana.

Entonces ¿mi estrategia funciona? Sí. Nunca ha habido alguien que diga que no le resultó, así que sólo resta preguntarse: ¿la harás funcionar *para ti*? ¿Trabajarás lo necesario? ¿Tienes la disciplina para comenzar, para continuar y para terminar?

CAPÍTULO CUATRO

La gente productiva es organizada

Organizarse es una cuestión de hábito, y todos los hábitos son susceptibles de aprenderse y adquirirse. Decirte a ti mismo que no eres una persona organizada es sólo una manera de lavarse las manos porque no es verdad.

Ser desorganizado te obligará a trabajar siempre para gente que *sí* es organizada. Si no tienes orden o si no trabajas paso por paso para alcanzar tus metas, siempre tendrás que ser subordinado de alguien que es capaz de disciplinarte e intimidarte.

Aunque hay algunas por ahí, muy pocas personas geniales son desorganizadas. Muchos se aferran a historias como la de Richard Branson, quien posee 200 negocios a pesar de ser disléxico. Dicen que no es una persona organizada. Tal vez no pueda leer o formar oraciones de manera correcta, pero deberías analizar cómo dirige su vida. Richard Branson sabe cuáles son sus debilidades, no es una persona organizada, pero tiene una buena noción de lo que se necesita para hacer un buen negocio. Además conoce a gente, conoce los mercados y a su competencia. Siempre explora las nuevas oportunidades de negocios hasta que logra tener una buena noción de lo que se trata. Luego empieza a informarse por ahí respecto a quién es la persona más competente en ese ramo. Descubre que esa persona competente es, quizás, un ejecutivo *senior* de otra empresa, una empresa que puede ser idéntica a la que él está pensando formar, como Virgin Air o Virgin Records. Luego se dirige a esa persona y dice: "Estoy pensando en comenzar una empresa en esta área, ¿te interesaría trabajar conmigo y ayudarme a construirla?"

La persona quizá le ha preguntado: "¿Y qué hay para mí en esta propuesta?"

"Si me ayudas a construir esta empresa, compartiré el éxito contigo. Te proveeré los recursos financieros para empezar y tú proveerás la experiencia y el conocimiento para hacer que funcione. ¿Qué te parece?"

La persona contesta: "Me parece genial".

La organización es impecable, pero no es Richard quien la lleva a cabo porque él reconoce que no es su mayor habilidad. Contrata a alguien más para que se haga cargo. Su genialidad no consiste en organizar, sino en encontrar gente que organice.

Por otra parte, si no eres Richard Branson, es imperativo que te vuelvas una persona organizada. Lo maravilloso es que la organización es una habilidad que se puede aprender, así que, si en verdad lo deseas, puedes adquirirla y volverte excelente en ella.

Te lo puedo probar. Si te enrolas en el ejército, lo primero que te enseñarán será cómo marchar, vestirte, hacer los ejercicios y levantarte de la cama en la mañana. Hay un libro muy famoso que se llama *Make Your Bed*. Es un *bestseller* de la lista de graduación que se entrega cada año en las universidades más importantes.

En una ocasión, un exitoso general dio un discurso en una ceremonia de graduación, el discurso se intituló "Haz tu cama". El militar contó que en el ejército, en especial en los cuerpos de oficiales, en cuanto te levantas de la cama te pones de pie y giras de inmediato. Empiezas a hacer tu cama a la perfección, las cobijas estarán tan bien estiradas que si dejas caer una moneda sobre ellas, rebotará. Así de estirada debe quedar la parte superior.

Luego te aseas. Te das una ducha, te rasuras, te vistes meticulosamente, te colocas la corbata y boleas tus botas para lucir extraordinario al comenzar el día. Esto lo haces de manera cotidiana. En, digamos, tus primeros seis meses, te obligan a realizar esta rutina, levantarte, hacer tu cama, dejar caer la moneda y asegurarte de que rebote.

Como lo explicó el general en su discurso, si terminas una primera tarea cada mañana entrarás en la modalidad de compleción de tareas para el resto del día. Estarás sintonizado, acelerado. Si te formas el hábito de completar algo cuando inicia tu jornada, seguirás completando tus tareas todo el día.

Recuerda que la clave del éxito en la vida es la compleción de las tareas, y que tan sólo terminar una pequeña te inyectará una dosis de endorfinas, la droga de la felicidad que provee la naturaleza. Las endorfinas te provocan entusiasmo, te hacen sentir feliz, eufórico. Tu autoestima y tu confianza en ti mismo aumentan y empiezas a sentirte como un ganador o una ganadora.

Como ya lo mencioné, en cuanto despierto me levanto y comienzo a hacer ejercicio físico de inmediato. Esto te inyecta energía, aumenta tu ritmo cardiaco. Llena tu cerebro de sangre con un elevado nivel de oxígeno, lo cual estimula tu inteligencia a lo largo de todo el día y te permite liberar más endorfinas. Todo esto te anima a realizar más actividades.

Empieza con tu tarea más importante y trabaja en ella hasta completarla. Por la noche escribe la lista de las actividades que realizarás el día siguiente. Hay un proverbio que indica que el "planeamiento previo y positivo previene prácticas precarias", así que, antes de comenzar, reúne todo lo que necesitarás para terminar esa tarea y colócalo cerca de ti. Contar con todo el material necesario puede motivarte muchísimo. Luego comienza y ten la disciplina de mantenerte trabajando en tu misión hasta completarla. Repite esta rutina a diario con todas tus tareas.

Como lo mencioné anteriormente, debes tener una lista de los pasos de tendrás que dar. Ya te hablé de *The Checklist Manifesto*, así que sabes que necesitas una lista para cada tarea, un instructivo de cómo la realizarás. Es algo muy parecido a una receta. Si vas a hacer un platillo y, además de tener la receta a mano, sigues con exactitud los pasos descritos, te aseguro que tu platillo será 80% tan bueno como el preparado por el chef profesional que escribió la receta.

Mi ensalada favorita es la César. Solía ir a un restaurante donde servían una versión excelente preparada al momento. Traían todos los ingredientes a la mesa y un gran cuenco, luego el mesero mezclaba todo y lo servía. El resultado siempre era increíble.

Un día me dije: *Este individuo no es ningún genio, es un mesero. Sin embargo, cada vez que vengo prepara una ensalada César extraordinaria. Voy a aprender a prepararla yo mismo.* Esto me hizo iniciar un largo proceso en el que conseguí libros de cocina y las recetas de mi madre. Compré un cuenco para ensaladas y todos los ingredientes, luego practiqué sin descanso. Ahora puedo preparar una de las mejores ensaladas César del mundo. En mi sitio de internet, briantracy.com, puedes encontrar la receta de la ensalada César de Brian Tracy, y es gratuita. Cualquiera puede usarla para preparar una ensalada que volverá locos a todos en casa; muchos dicen que es la mejor ensalada que han comido en su vida. No obstante, hubo un tiempo en que no podía prepararla siquiera. Hubo una época en la que era incapaz de distinguir los ingredientes, sólo sabía que llevaba lechuga romana y crotones. Ahora puedo prepararla.

Lo único que necesitas para desarrollar cualquier habilidad que te interese es aprenderla, practicarla y tener la certeza absoluta de que quieres volverte el mejor en esa área.

Hace muchos años un editor importante me propuso escribir un libro, pero yo no sabía ni siquiera mecanografiar. Mi método se basaba en ir buscando cada tecla y picotearla. Es un método que te permite escribir entre cinco y ocho palabras por minuto, pero cuando quieres escribir 60 mil palabras (cantidad promedio para un libro de no ficción), con esta técnica podrías necesitar semanas o meses para acabar. Por eso me dije: *Voy a tener que aprender a mecanografiar.*

Compré un programa descargable que contenía una serie de lecciones de entre 10 y 15 minutos cada una, se llamaba *Mavis Beacon Teaches Typing.* A lo largo de los años se lo mencioné a varias personas y todas me dijeron: "Ay, adoro a Mavis", y es porque Mavis les permitió dejar de buscar las teclas y picotearlas, y empezar a mecanografiar con fluidez. En 90 días puedes escribir entre 60 y 80 palabras por minuto, puedes oprimir las teclas sin tener que buscarlas, y no tienes que volver a mirar el teclado jamás.

He escrito 87 libros hasta la fecha, y ahora tengo unos tres o cuatro más planeados. Tengo editores listos para recibir mis libros porque están muy contentos con el resultado de los anteriores, y entre ellos se encuentra el editor más importante del mundo. Sin embargo, hubo un tiempo en que no podía ni siquiera mecanografiar una página entera.

Tú puedes aprender cualquier cosa que necesites. Algunas personas tienen una facilidad natural para ciertas habilidades, a otras les toma mucho más tiempo, pero cualquiera puede desarrollarlas.

Hace muchos años trabajé para el gran jefe que mencioné anteriormente. Debido a una serie de coincidencias me vio en mi empleo previo, donde yo había hecho un poco de desarrollo en el área de bienes raíces. Me ofreció ser su asistente personal en una empresa de 850 millones de dólares. En aquel tiempo yo era soltero, apenas comenzaba la treintena y no había avanzado mucho en la vida. Acepté y me sentí muy feliz por ello.

El jefe me hizo trabajar arduamente, en verdad quería que yo fuera muy productivo. No hablaba mucho, pero me asignaba montones de tareas. Yo hacía todo bien y rápido, y eso me cambió la vida para siempre. Nunca volví a ser el mismo porque tuve la oportunidad de hacer las cosas bien y sin tardarme, así que la gente me empezó a conocer por lo organizado que era. El jefe me observaba, los otros también. Él me observaba porque quería que tuviera éxito, pero los otros ejecutivos *senior* lo hacían porque *no* querían que lo tuviera.

Organizarse implica de entrada un desafío, pero después se vuelve algo automático y sencillo. Es como conducir un automóvil, andar en bicicleta o escribir en un teclado: una vez que aprendes a hacerlo, nunca lo olvidas.

TRÁGATE ESE SAPO

Hace algunos años el dueño de una importante editorial me preguntó si podría escribir un libro para que él lo publicara. Le envié uno llamado *Double Your Income and Double Your Time Off*, y él me llamó la semana siguiente.

—Aunque es un gran concepto porque todos desearían recibir los beneficios de lo que usted ofrece, el libro no es muy atractivo. No es sexy. Por otra parte, en él menciona a Mark Twain.

Mark Twain se dio a conocer cuando escribió "La célebre rana saltarina del distrito de Calaveras", un relato en el que usó como metáfora a las ranas (o sapos: en este caso ignoraremos las diferencias en la clasificación científica). En este relato que leí siendo muy joven, Twain escribió que si al levantarte por la mañana lo primero que haces es comerte un sapo vivo, tendrás la placentera seguridad de que eso será lo peor que te sucederá en el día.

—Hay dos corolarios en esta regla —me dijo el editor—. El primero es que si tienes que comerte dos sapos, lo mejor será comerse el más feo primero. El corolario número dos es que si de todas formas tienes que comerte el sapo, no tiene mucho caso quedarte sentado viéndolo por un largo rato —explicó. En otras palabras, *al mal paso darle prisa*.

Este concepto aparecía en el capítulo 15 de mi libro.

—En verdad me agrada este capítulo —continuó el editor—. Si lo toma, lo convierte en el título del libro, y luego correlaciona todos los otros capítulos sobre la administración del tiempo con este concepto de comerse el sapo como la tarea más valiosa e importante, creo que tendremos un ángulo interesante. Por el momento hay unos dos o tres libros en el mercado que mencionan a animales en el título: *¿Quién se comió mi queso?*, *Fish!*, y otro. Creo que la idea del sapo funcionaría.

Entonces me puse a escribir y le reenvié el manuscrito. La gente de la editorial dijo: "¡Lotería! El texto funciona", y fue publicado bajo el título de *Tráguese ese sapo: 21 estrategias para tomar decisiones rápidas y mejorar la eficacia profesional*. Contiene las 21 mejores ideas sobre la administración del tiempo, y cada una es analizada en unas dos o tres páginas. El libro tiene alrededor de 110 páginas.

Cuando presentamos el libro tuvo mucho éxito. Entró a la lista de los más vendidos de *The New York Times* y fue traducido a muchos idiomas. Se han vendido millones de ejemplares hasta la fecha y en muchos países ha sido el libro de mayores ventas durante dos o tres años.

No te estoy sugiriendo que lo compres, sólo quiero decirte que en él explico el proceso para organizarse. Muchos ejecutivos han comprado mil ejemplares para sus empresas e incluso han establecido programas para enseñarles a sus empleados estos principios. Los conceptos en este libro han transformado a esas empresas. La gente se vuelve rica gracias a un principio muy simple: tomar su tarea más importante del día, comenzarla y terminarla. Es muy simple. Muchos comienzan a hacerlo y en poco tiempo se les vuelve un hábito. Digamos que esta gente hace su cama todas las mañanas. Comienzan y completan su tarea más importante hasta que se les hace un hábito, y luego incluso se sienten impacientes por empezar.

Otro concepto que siempre ayuda a organizarse es el de las listas. Yo siempre trabajo con una. Algunas tareas toman tiempo, unas dos o tres horas; otras son más breves. Si mi esposa viene a mi oficina 10 minutos antes de las 7:00 p.m. y me dice que es hora de cenar, sé que tengo 10 minutos para completar una tarea, así que tomo mi lista y encuentro una que sólo me tomará 10 minutos. Me consagro a ella con toda mi energía y la termino en nueve o 10 minutos. Luego apago la luz y cierro mi oficina. Salgo y me siento genial el resto de la noche.

Hubo un tiempo en que Henry Ford estuvo en bancarrota y tuvo que trabajar en su cochera, sin embargo, se volvió un hombre increíblemente rico. Según él, cualquier tarea puede llevarse a cabo si la desglosas en faenas suficientemente pequeñas. Descomponla en acciones más breves y empieza por realizar una de ellas. Esto te dará confianza en ti mismo y aumentará tu autoestima. Además es algo que te provee energía, te hace sentir feliz y te motiva. Es como si alguien te empujara desde atrás para dar el siguiente paso.

PLANEA TODO

Una idea clave para la organización personal es la de planear todo con anticipación. ¿Qué quiero decir exactamente con esto? ¿Se trata de algo práctico? ¿Es cierto que todo se puede planear en la vida o es un concepto que sólo se puede aplicar a los objetivos importantes?

Si lo que quieres hacer es pasar a Starbucks a comprar un café, tal vez no tengas que planear con mucha anticipación, pero algo tendrás que hacer. Necesitarás buscar un lugar para estacionarte. Tendrás que entrar al local y formarte. Tendrás que decidir si beberás tu café ahí o si te lo llevarás a casa. Es posible que quieras comprar otro café para alguien más. (Por cierto, sé que todo mundo se mete en problemas cuando llega a la oficina bebiendo un café de Starbucks porque siempre hay alguien que dice: "¿Por qué no me trajiste uno? Sabes que me encanta el café".)

Incluso las actividades de poca importancia como ésta requieren de planeamiento, así que infórmate y asegúrate de cubrir todas las bases.

Por supuesto, el planeamiento tiene un papel mucho más importante en el caso de las tareas que tendrán mayor impacto en tu vida. Lo maravilloso de este concepto es que entre más tiempo te tomes para planear, más confianza tendrás al comenzar. Te sentirás más descansado y enfocado.

Siempre tómate tiempo para planear. Cuando los grandes generales planean sus campañas siempre convocan a los otros generales y oficiales de importancia. Se reúnen y revisan el plan una y otra vez. Se les pide a todos que contribuyan, y cuando echan a andar el plan, resulta asombroso.

En una ocasión trabajé con Norman Schwarzkopf, general a cargo de la Guerra del Golfo. Schwarzkopf tenía a su cargo 300 mil personas de 22 países. Yo había estudiado su trabajo, por lo que estaba al tanto de todo lo que había hecho y de sus éxitos.

Schwarzkopf dijo que pasaron seis meses planeando la *Operación Tormenta del Desierto*, la campaña con la que se destruyó al Ejército iraquí. Les tomó seis meses planear y definir toda la complejidad antes de lanzar el ataque. Necesitaron 104 horas para destruir al tercer ejército más grande del mundo. Lo hicieron pedazos y así terminó la guerra. Fue la victoria más contundente en el periodo más breve y con el menor número de bajas de la historia, y Schwarzkopf dijo que todo fue gracias al planeamiento.

EL CUESTIONARIO

¿Cuánto planeamiento debes dedicarle a una actividad? En mi quehacer como orador profesional —a lo largo de los años he ofrecido más de 5 mil conferencias en 83 países— casi siempre he concretado la charla mediante teleconferencia. Básicamente es una audición. "Le vamos a pagar una gran cantidad de dinero por venir y dirigirse a mucha gente —me dicen—, y queremos asegurarnos de que estamos tomando la decisión correcta. Por eso le haremos algunas preguntas."

Hace muchos años escribí un cuestionario que siempre le envío a la gente que me quiere contratar. En él incluí una serie de preguntas que sirven para aclarar de qué se va a tratar la charla y qué desean lograr con ella. Cuando nos reunimos en la videoconferencia lo tengo a la vista.

Luego visito el sitio de la empresa y descargo los folletos y los estados financieros. Este material lo estudio a detalle, y así, en el momento que inicia la teleconferencia sé todo lo que es necesario saber de la empresa: cuánto tiempo llevan operando, cuáles son sus productos y servicios más importantes y qué tal les va en el aspecto financiero.

En una ocasión tuve la oportunidad de ofrecerle mis charlas durante varios días a una organización con 40 mil empleados y un presupuesto de 50 mil millones de dólares. Me dieron toda la información sobre los antecedentes del año anterior, y trabajé con ella durante 16 horas para preparar la presentación básica con la que, quizás, obtendría el trabajo.

Hice toda la investigación y me dije: *¡Ay, por Dios!* Comencé el sábado por la mañana como a las 8:00. Empecé a escribir, revisar y tomar notas, y terminé con montículos de páginas escritas sobre el tema.

Cuando me presenté en la conferencia y le ofrecí mis servicios a la Junta Directiva de la empresa, los ejecutivos me dijeron: "¡Dios santo! Usted en verdad conoce nuestro negocio, ¿no es cierto? Realmente entiende cómo funciona, quiénes son las personas clave, los productos y el mercado al que nos enfrentamos". El presidente de la organización añadió: "Terminamos. Queda usted contratado", y se sentó de nuevo.

Todo depende también de la cantidad de información esencial que ya tengas. Cuando empecé a trabajar con ciertas empresas tuve que hacer mucha investigación para entender las industrias a las que pertenecían, pero ahora, como ya conozco el negocio muy bien, puedo invertir sólo 10 o 15 minutos para complementar mi investigación previa. Me contratan porque saben que conozco su industria a fondo.

Pregúntate cuánto tiempo invertirías si corrieras el riesgo de perder esta oportunidad. Si en verdad es importante, tómate suficiente tiempo, paga el precio de manera anticipada.

LA PULCRITUD CUENTA

La pulcritud es esencial. Cuando tu espacio de trabajo está ordenado y todo se encuentra en su lugar, cuando sobre el escritorio tienes solamente lo que necesitas para prepararte para ese trabajo, serás más eficiente, cometerás menos errores e invertirás menos tiempo.

Por todo esto, lo primero que debes hacer es prepararte, liberar tu espacio, guardar todo lo que no necesites. Incluso si tienes que quitar todo lo que está sobre tu escritorio y colocarlo en el suelo, detrás de ti, libera la superficie para que ni tu mente ni tus ojos se saturen. Ahora mirarás un escritorio limpio y podrás concentrarte en una tarea específica.

A mí me sorprende la cantidad de gente que quiere escribir un libro, pero no lo logra porque nunca llega a organizarse. Nunca ordena sus tareas, y su ambiente de trabajo está abarrotado. Un lugar así sólo fatiga tu mente, te distrae y te cansa. Todo el tiempo estás levantando y colocando objetos en otro sitio. De repente ya se te acabó el tiempo y no produjiste nada.

Es como hacer tu cama. Tu primera tarea consiste en limpiar tu área de trabajo para que todo lo que necesites esté dispuesto frente a ti. Luego empieza a trabajar.

Otra excelente técnica que puedes usar es la de ponerte de pie, dar unos pasos atrás y mirar tu área de trabajo. Observa tu escritorio, mira el espacio en que laboras. Mira tu portafolios y pregúntate: "¿Qué tipo de persona trabaja en un escritorio así?" Digamos que has estado muy ocupado, que has tenido que trabajar en una gran cantidad de proyectos distintos, y que da la impresión de que acaba de estallar una granada en tu escritorio. ¿Qué tipo de persona trabajaría en un lugar así?

Hace tiempo leí las memorias de un empresario muy exitoso que logró amasar fortunas de varios millones de dólares para él y para otras personas. Este empresario tenía la filosofía del escritorio limpio para trabajar: "Todos los días, al terminar tus labores, limpia tu escritorio por completo, que no quede ni una pluma en la superficie. Así empezarás a trabajar cada mañana en un escritorio inmaculado", decía. Para él, éste era uno de los principios de negocios más importantes porque forzaba a la gente a ir guardando las cosas a medida que avanzaba en su trabajo. Nadie quería llegar a la oficina a las 6:00 a.m. a guardar todos los objetos que se habían quedado sobre el área de trabajo, así que mejor guardaban todo el día anterior y continuaban avanzando.

Comienza una tarea, termínala y guarda todo en su sitio. Así entrarás en un ritmo que se volverá automático y sencillo en poco tiempo.

Imagina que alguien con un cargo importante en tu empresa viene a verte y tu oficina luce como si acabara de estallar una bomba en ella. Hace algunos años tuve que despedir a un caballero que trabajaba para mí, pero tuve una buena razón para hacerlo: su escritorio se veía como si le hubiera vaciado encima y en los alrededores el cesto de la basura.

Si no eres una persona bien organizada, tienes que pasar la mitad de tu tiempo buscando cosas que no puedes encontrar. Luego, después de un rato, incluso olvidas lo que estabas buscando al principio.

Continúa avanzando, limpiando, guardando los bolígrafos y papeles en su sitio, y no pongas pretextos.

SIN EXCUSAS

Todos producimos un exceso de pretextos a través de la glándula *excusatoria*. En lugar de aceptar nuestra responsabilidad, decimos: "Pude haber hecho tal cosa, pero me entretuve en algo más: estaba hablando con fulano. Lo haré mañana".

Resulta asombroso cuántos usamos los pretextos para procrastinar y hacernos caer en la mediocridad y el fracaso. Todo esto nos empobrece. Mi libro *Sin excusas* es uno de los más vendidos en el mundo. ¿Sabes a qué tipo de gente le encanta? A la más disciplinada y exitosa que asiste a mis seminarios. Aunque son quienes menos necesitan esta lectura porque son personas muy organizadas, adoran la idea de leer sobre la disciplina, el planeamiento y las restricciones personales.

Creo que tu disposición a aceptar la responsabilidad por la labor que realizas, por tu área de trabajo y por terminar tus tareas es un signo distintivo de una persona superior. La gente superior acepta su responsabilidad. La gente promedio y la gente inferior da excusas, pasa todo el tiempo pensando cómo explicará su fracaso en lugar de invertir ese mismo tiempo en completar la tarea.

Toda la gente tiene buenas intenciones, pero sabemos que del dicho al hecho se cae la sopa. Muchos dicen: "Voy a hacer esto y aquello. Voy a empezar más temprano, voy a trabajar con más ahínco y voy a ahorrar dinero". Pero luego salen con: "Antes de comenzar necesito darme unas vacaciones cortas en ese lugar paradisiaco llamado Isla del Algundía. Algún día empezaré a ahorrar, algún día recortaré mis gastos. Algún día haré esto y algún día haré aquello".

¿Y quiénes conviven con esta gente? Como Dios los cría y ellos se juntan, estas personas se llevan bien con los otros habitantes de la Isla del Algundía. Se reúnen y se sientan a hablar de sus excusas favoritas. "¿Cuál es tu excusa? ¿Cuál fue tu razón para venir a vacacionar a la isla este año?" "Estoy muy cansado, no terminé la última carrera y mi competencia es demasiado fuerte."

Este tipo de gente siempre tiene una razón para estar en la isla, así que recuerda: la clave del éxito en la vida consiste en decidir con precisión lo que deseas, escribirlo y salirte de ese paraíso de la postergación.

LA PREPARACIÓN: EL SELLO DEL PROFESIONAL

La preparación es el sello del profesional. La preparación es la clave de todo. Yo tengo un programa especial de tres días en el que le enseño a la gente a hablar de forma profesional. Si vienes y pasas tres días conmigo y con otras 11 personas frente a la cámara de video, te enseñaré a conseguir una ovación de pie cada vez que des una charla. Incluso si no lo has hecho antes.

Me da mucho gusto recibir los mensajes y correos electrónicos de quienes me escriben algunos días o semanas después para decirme que les ofrecieron la oportunidad de dar una conferencia. Siempre sucede. Hace varios años descubrí un principio filosófico: cuando aprendes algo nuevo, casi siempre tienes la oportunidad de aplicar tus nuevos conocimientos. Así que no desaparecerán así nada más como el humo de un cigarro.

Digamos, por ejemplo, que tomas un curso de primeros auxilios y aprendes a hacer, entre otras cosas, la maniobra Heimlich. Estás en un restaurante y alguien de la mesa de junto empieza a ahogarse con un trozo de comida. Tú te levantas de inmediato, te das cuenta de que el alimento está atorado en su garganta, así que haces la maniobra Heimlich y le salvas la vida. Siempre tienes la oportunidad de usar la nueva información.

Hace algunos años estaba cenando con mi esposa en un restaurante. A unas dos mesas de distancia, un hombre empezó a tocarse el pecho y a ahogarse, luego cayó al suelo. Todos dijeron: "Ay, Dios mío, se está ahogando". Las personas que lo acompañaban estaban aterradas. Todos se quedaron paralizados como venaditos frente a los faros de un automóvil en la carretera.

—Discúlpame, Barbara —le dije a mi esposa.

Me levanté y me acerqué. Volteé al comensal y le apreté el pecho. El trozo de filete salió de su garganta y él pudo volver a respirar. Para ese momento, la gente había retirado las otras mesas y sillas que estaban alrededor, y todos nos observaban mientras yo le aplicaba la maniobra en medio del restaurante. El hombre volvió a respirar y se puso de pie.

Ya habían llamado a una ambulancia. Los paramédicos entraron presurosos, lo subieron a la camilla y se lo llevaron. Todo salió bien. La gente volvió a colocar las mesas y las sillas en su lugar, los comensales siguieron cenando. Yo regresé a mi mesa y retomé mi conversación con Barbara.

Cuando salimos del restaurante la ambulancia seguía afuera y los paramédicos continuaban atendiendo al comensal. "Vaya, quienquiera que haya aplicado la maniobra le salvó la vida a este hombre", dijeron.

Dos o tres semanas después regresamos al restaurante, y cuando nos instalamos en la mesa recibimos una botella de champán.

—Es un regalo de la casa —dijo el camarero.

—¿Y a qué se debe? —pregunté.

—Hace tres semanas que estuvo aquí y uno de los comensales empezó a ahogarse, le salvó la vida —contestaron.

—¿Ah sí? —Ya ni siquiera me acordaba.

—Sí, y los paramédicos nos dijeron que si no le hubiera aplicado aquella maniobra, habría bastado un minuto más para que el hombre muriera.

Yo había olvidado todo, sólo lo recordé cuando nos trajeron la botella de champán. Lo que quiero decir es que siempre que aprendas algo nuevo y útil tendrás la oportunidad de ponerlo en práctica.

En mi programa para ser un orador excelente enseño la importancia de la preparación. Uno de mis alumnos trabajaba en una empresa de ingeniería; estaba preocupado porque a los otros ingenieros los estaban ascendiendo más rápido y les pagaban más a pesar de que él trabajaba mucho y tenía muchos proyectos. Ésta fue la justificación que le dieron:

—Debe comprender que estos ingenieros hacen presentaciones para nuestros clientes y consiguen nuevos proyectos, es decir, son generadores de negocios.

En las firmas de servicios profesionales, los generadores de negocios son los empleados mejor pagados y también a quienes más se respeta. Son a quienes ascienden de puesto y a quienes les pagan más.

El ingeniero tomó mi curso, y dos o tres días después su jefe lo buscó y le dijo:

—Mire, tenemos un pequeño desafío. Necesitamos hacer una presentación importante y yo no puedo hacerme cargo. El ingeniero que iba a hacerla salió de la ciudad y no puede regresar. ¿Podría hacerlo usted?

—No lo sé —dijo al principio el ingeniero porque se puso nervioso, pero luego recordó lo que había aprendido en el curso y agregó—: Espere, sí, puedo hacerlo, 90% del éxito depende de la preparación. Puedo hacerlo, deme toda la información.

A la mañana siguiente salió de casa y dio una presentación sobre los servicios que ofrecía su empresa.

Para cuando volvió a la oficina, el presidente de la otra compañía le había llamado por teléfono a su jefe.

—La presentación fue increíble, queremos contratarlos para este proyecto fundamental —le dijo.

Se trataba de un negocio que le generaría cientos de miles de dólares en ingresos a la firma constructora. A partir de entonces, cada vez que tenían un cliente potencial, enviaban a este ingeniero.

De esta manera dio un salto sustancial en su carrera. En un par de años más llegó a ser socio y sus ingresos aumentaron 400%. Se mudó a una casa más grande, compró un automóvil nuevo y comenzó a tener una gran vida. Le asignaron una oficina privada y una secretaria, y todo fue gracias a que adquirió la habilidad de preparar una presentación y a que cada vez que se levantaba a hablar lo hacía con confianza absoluta. Aprendió que las primeras palabras que salen de la boca del presentador son las que hacen que el público se mantenga atento durante el resto de la charla.

Es posible hacerlo en todas las áreas. Nunca digas: "Esto me pone un poco nervioso", sólo tienes que prepararte lo suficiente y seguir practicando hasta que ya no sientas inquietud.

EL JUGADOR MÁS VALIOSO

Mira alrededor en tu oficina y pregúntate: ¿quiénes son las personas mejor pagadas y más valiosas de la empresa?, ¿quiénes son los más admirados?, ¿quién tiene su propio lugar en el estacionamiento y conduce un automóvil de lujo?, ¿a quién le pagan más que a todos los demás? Esas personas ¿qué pueden ofrecer que yo no tenga?, ¿qué habilidades poseen?, ¿qué han hecho por la empresa?

Las empresas son muy egoístas; están dispuestas a pagarte más y más para continuar gozando de tus servicios y que no te vayas a otro lugar. En realidad es muy sencillo obtener un aumento, sólo vuélvete bueno en lo que haces. La gente correrá a ti, abrirá la palma de tu mano y te dirá: "Por favor, tome, aquí tiene más dinero. Quédese con nosotros. Le daremos mejores condiciones de trabajo porque usted le ofrece a la empresa mucho más de lo que le cuesta".

Ésta es la clave. Dicen que por cada dólar que uno le cuesta a una empresa en salario, debe aportar entre tres y seis dólares de ingresos, valor o ganancias. Así que continúa aumentando tu contribución. Earl Nightingale tenía una pregunta maravillosa que le ha dado sentido a mi vida desde que la escuché: "¿Qué puedo hacer para aumentar el valor de mi contribución a mi empresa actualmente?"

Si quieres tener éxito, acepta responsabilidades, no des excusas, no digas "algún día". Y luego pregúntate: "¿Cómo puedo aumentar mi contribución?, ¿qué habilidades adicionales puedo ofrecer?"

Ve a ver a tu jefe y pregúntale: "¿Cómo puedo aumentar el valor de lo que le doy a la empresa ahora?, ¿cómo puedo hacer más, dar más y continuar buscando la manera de ser más productivo?" Vives en un mundo en que 80% de la gente busca la manera de hacer menos, así que de inmediato tendrás ventaja sobre ella.

ESTABLECE UN SISTEMA DE ARCHIVO

Dicen que un escritorio abarrotado de objetos es señal de una mente desordenada. La gente pasa hasta 40 o 50% de su tiempo buscando lo que necesita porque apila todo, porque las cosas se pierden en los cajones. Luego, cuando llega la hora de trabajar, muchos pierden tiempo buscándolas. También sucede con la información. De pronto uno se da cuenta de que le hace falta un dato, y como tal vez es información fundamental, tiene que detener todo el proceso de trabajo para buscarla.

Como mencioné anteriormente, los grandes líderes militares planean, organizan y reúnen todos sus recursos. Revisan y vuelven a verificar hasta tres veces para asegurarse de que tienen todo para lanzar el ataque, y de esta manera están listos para cualquier contratiempo que pueda suceder.

Hazte el hábito de reunir todo lo que necesitarás para hacer tu labor. Limpia tu espacio de trabajo y guarda todo lo que sobre. Haz una lista para organizar lo que necesitarás, luego empieza por el primer punto. Ve de qué se trata y dedícate a trabajar sin detenerte hasta que acabes esa tarea.

La primera vez que hagas esto te distraerás y te costará trabajo mantener la mente focalizada en el punto que desarrolles, pero entre más practiques, más fácil te será acabar cada tarea. Te sentirás cada vez más feliz y orgulloso de ti mismo. Además, tendrás más energía, la cual te será útil para emprender nuevas tareas.

Yo siempre salgo de mi oficina en casa sintiéndome alegre gracias a la ola de endorfina que me provoca el hecho de terminar una tarea, incluso si es algo de menor importancia como guardar los víveres para que la barra de la cocina esté limpia, poner los platos en su lugar o podar el césped: funciona en cualquier área de tu vida. Completar las tareas siguiendo el proceso de inicio, continuación y fin te hace sentir orgulloso, positivo y feliz. Te genera deseos de trabajar y producir más, y hace que la gente que te rodea te estime más.

Uno de los principios de productividad más importantes que he aprendido me lo enseñó un hombre que llegó a ser presidente de dos empresas de la lista *Fortune 500.* Me dijo que si una tarea se podía realizar en menos de 10 minutos, la debía llevar a cabo inmediatamente y olvidarme de ella. Si la tarea tomará más tiempo, entonces hay que establecer prioridades, organizarla. Si te tomará entre dos o tres horas, reserva ese tiempo y luego trabaja en la tarea durante todo ese lapso.

Recuerda que tu éxito en la vida dependerá del valor de tu contribución, de tu productividad, de la cantidad de trabajo que termines y del valor y la calidad del mismo. Si siempre trabajas en tareas de alto valor y las terminas rápido y bien, tendrás una vida fabulosa, si no, nadie podrá ayudarte. Si no completas tus tareas más importantes rápido y bien, no habrá ninguna política de la empresa que te ayude a avanzar en la misma.

EL MOMENTO DE MAYOR PRODUCTIVIDAD

La última idea que presentaré en este capítulo es la referente a realizar el trabajo más importante durante tu momento de mayor productividad. ¿Por qué es tan esencial esta noción?

Eres un trabajador del conocimiento. A esto se refiere la maravillosa contribución de Peter Drucker a la teoría de la administración: los trabajadores del conocimiento laboran con su mente, con su capacidad para manejar, calcular y procesar información. Tu cerebro requiere de un tipo específico de energía, y a lo largo del día sólo hay un momento en el que te sientes descansado y despierto, en que tu mente tiene más agudeza. Es en ese periodo que debes realizar tus tareas más importantes, porque de esa manera las harás de la manera correcta, cometerás menos errores, producirás más y tendrás más éxito.

Mucha gente tiene que repetir tareas porque comete errores durante el proceso, es algo que aprendí en una etapa muy temprana de mi carrera. Un día que tenía mucha prisa escribí mal un dígito en una propuesta que mi jefe me había pedido que preparara para uno de nuestros socios, y mi error cambió por completo el aspecto económico del proyecto.

—Con este presupuesto ni siquiera podemos tener una relación de negocios con esta gente —me dijo mi jefe en cuanto vio la propuesta. Luego, sólo se la dio a otra persona—: ¿Podrías revisar estas cifras? —le dijo.

El empleado que revisó los números era muy meticuloso. Regresó con mi jefe y le dijo:

—Brian cometió un error importante aquí, escribió una cifra incorrecta.

En lugar de un retorno sobre inversión (RSI) de 15%, había escrito que tendríamos 1.5%. El otro empleado señaló mi error y mostró el RSI correcto. Este dato hacía que el trato representara una muy buena inversión para la empresa.

Mi jefe me llevó a un sitio privado, me mostró las cifras y dijo: "Esto pudo crearnos un problema muy fuerte". Por supuesto, nunca volví a cometer ese error. Ahora reviso y verifico; siempre me detengo, me enfoco y me concentro en las cifras esenciales para no meternos, ni a mí ni a mi empresa, en un problema serio.

Al día de hoy tengo cientos de millones de dólares en desarrollos de bienes raíces. Me he involucrado en centros comerciales, edificios de oficinas, centros industriales y varias subdivisiones. También he asesorado a innumerables clientes en estas área y les he ayudado a ganar o a ahorrar cientos de millones de dólares. Después de ese primer error, nunca he vuelto a fallar en mis tareas más importantes porque siempre me mantengo alerta y bien preparado.

De acuerdo con todos los estudios que se han realizado, la mayoría de la gente se siente mejor por la mañana, cuando despierta. Algunos dicen: "Yo me siento bien por la tarde" o "Yo trabajo mejor por la noche", pero la verdad es que para esa hora ya estás cansado, ya te quemaste un poco. Estás gastado, vas viajando hacia la Isla del Algundía. "Mañana haré esto. De esto otro me encargaré la semana que viene."

Muchos piensan: "Estoy muy cansado para acabar mi misión esta semana". Si estás agotado, lo mejor que puedes hacer es dejar de trabajar por completo y descansar mucho. Tómate todo el fin de semana, duerme hasta tarde, duerme ocho, nueve o 10 horas. Toma siestas, quédate tirado en un sillón como si fueras una patata y permítete olvidar todo. Si estás totalmente agotado porque has estado trabajando en misiones o proyectos abrumadores, a veces te puede tomar hasta dos o tres días recargar la batería. Fórmate el hábito de *no* trabajar en dos o tres días. Cuando vuelvas a tus labores tu batería estará bien cargada y lograrás más en un solo día de lo que podrías hacer en una semana si continuaras cansado.

LOS VIAJES EN AVIÓN

Cuando viajas en avión se pierde mucho tiempo. Tienes que conducir al aeropuerto, esperar, hacer el vuelo y luego transportarte al hotel cuando llegas a tu destino. Si no aprovechas ese tiempo para realizar tus tareas podrías perder varios días de productividad, en especial si viajas a otros países.

¿Cómo debemos manejar este tiempo? Volviendo, como siempre, a nuestra vieja amiga: la preparación. Yo llego a viajar entre 100 y 200 días al año. En la época en que más trabajaba y viajaba estaba casi todo el tiempo en el aire. He visitado 126 países, he cruzado los océanos Atlántico y Pacífico tantas veces que no podría contarlas. Cuando tomo un vuelo de Lufthansa en Los Ángeles para ir a Frankfurt conozco los nombres de todos los asistentes de vuelo, y ellos también me conocen porque he volado en muchísimas ocasiones con esa aerolínea.

Antes de partir planea tu vuelo y velo como una oportunidad de realizar una gran cantidad de trabajo sin interrupciones. Con frecuencia viajo por las tardes para llegar en la mañana a mi destino. Como es de noche, no se puede llevar a cabo un trabajo cerebral serio, pero al menos puedes leer y ponerte al día con los temas de mediana complejidad. No podrás hacer reportes detallados, pero podrás leer. Yo a veces leo tres horas al día o más, a veces hasta ocho, y todo se debe a que organizo mis lecturas. Primero me siento, saco todo mi material y luego leo por periodos extendidos.

Te reitero que esto tiene mucho que ver con los hábitos. Muchas de las personas que vuelan rara vez leen porque ven el traslado como si fuera una especie de periodo vacacional breve: "¡Vaya, me voy de vacaciones! Sólo tengo que sentarme y los asistentes de vuelo me traerán la comida. Y además hay películas". Yo, en cambio, veo este tiempo como una oportunidad de llevar a cabo una gran cantidad de trabajo sin interrupciones, por eso no veo las películas. Tampoco desperdicio el tiempo escuchando música. Sólo me subo al avión, leo y aprendo.

En 1994 realicé un viaje a Alemania. Al final de la reunión de negocios me puse de pie y ofrecí una charla en alemán. Mi patrocinador me dijo: "Si dieras tus conferencias en alemán, podríamos establecer aquí un negocio de un millón de dólares relacionado con tus actividades".

Yo me dije: *De acuerdo*, y empecé a estudiar alemán a fondo. Compré libros y programas en audio y contraté a un maestro. A partir de entonces, cada vez que viajaba en avión me ponía a estudiar, y en un año ya estaba hablando alemán con bastante fluidez. Alcanzar el nivel de un hablante en el entorno académico me tomó mucho más tiempo, pero hasta la fecha he dado conferencias de negocios que duran entre 45 minutos y una hora sin necesidad de traductores o de otro tipo de ayuda.

También hablo francés y español. Cuando empecé a tener conferencias en Rusia me puse a estudiar el ruso, que es un idioma muy difícil. Y, por supuesto, seguí usando mi tiempo de vuelo para aprender. Hablo portugués y me defiendo bastante bien cuando estoy en Brasil. Hablo italiano y no me va nada mal en Italia. También me puse a estudiar chino cuando empecé a ir a China con regularidad, y pude comunicarme. El chino y el ruso son idiomas sumamente complejos, pero todo es cuestión de horas.

Yo no quería perder tiempo, lo que quería era llegar al momento en que sería capaz de hacer preguntas, entender las respuestas y ordenar mi comida en otros países. Es sólo cuestión de esforzarse, estudiar, tomar notas, subrayar y escribir lo que aprendes.

Cuando empiezas a estudiar una lengua es como si corrieras en el interior de una casa oscura y empezaras a prender las luces. A medida que avanzas vas activando más de las células de tu cerebro que tienen el nivel de funcionamiento más elevado y, de hecho, eso te vuelve más inteligente día con día.

EL ARTE Y LA CIENCIA DE LAS REUNIONES

La regla de oro para las reuniones es... Sí, adivinaste: de nuevo la preparación. Haz una lista de todo lo que quieras cubrir en la junta.

La segunda regla es hacer circular entre la gente que participará una orden del día en la que se señalen los temas que se discutirán.

La tercera regla es decirle a cada persona de qué manera se espera que contribuya: "Queremos que responda preguntas y que hable de manera inteligente respecto a este tema".

Fija horarios específicos para la reunión, tanto para iniciar como para terminar: la reunión comenzará a las 10:00 a.m. y terminará a las 10:50 a.m. en punto.

A las 10:00 cierra la puerta con llave o seguro. Uno de los desafíos más grandes del mundo laboral es la *excusitis*. La gente entra tarde a la sala de reuniones y se pierde los primeros cinco o 10 minutos, es decir, el tiempo en que se presentan los temas más importantes, y luego tienes que detener la reunión para explicarles.

Esto lo aprendí de un individuo que empezó vendiendo automóviles usados y llegó a ser el segundo hombre más rico de Canadá. Cada vez que daba inicio a una reunión de ventas cerraba la puerta con seguro. Si no estabas ahí, tenías que esperar afuera, y más te valía llegar temprano la siguiente vez. Por supuesto, nadie llegaba tarde dos veces.

Así que cierra la puerta y no dejes entrar a la gente que llega tarde. Da por hecho que no van a asistir, nunca esperes a los que no estén ahí cuando comiences porque es una manera terrible de perder el tiempo. En lugar de decir: "Estoy seguro de que fulanito y menganito no tardan, están hablando por teléfono", mejor da por sentado que quien no llegó no vendrá, así que comienza a la hora que fijaste.

Abre la reunión con los temas más importantes para que, si se te acaba el tiempo, sólo queden pendientes los asuntos menores. En una reunión con el personal, por ejemplo, yo sigo una trayectoria en círculo y me dirijo a cada uno para pedirle que participe: "Por favor dinos en qué estás trabajando, ¿cómo va ese asunto? ¿Qué planes hay para el futuro inmediato y de qué manera te podemos ayudar a ser más eficiente?" Paso de una persona a otra, algunos tienen mucho que decir, otros tienen poco. Cuando empecé a llamar a la gente a la que usualmente nadie se dirigía, las cosas cambiaron. Dos o tres semanas después llegaban preparados, participaban en la junta y hacían preguntas.

La siguiente etapa consiste en hacer rotar la responsabilidad entre los líderes presentes en la sala: "Ésta es la orden del día, todo está planeado y explicado, y Camille (o Bill) dirigirá la reunión". Al principio, en mi empresa, cuando empecé a decirle a la gente que tal o cual se haría cargo, todos se pusieron muy nerviosos, pero luego ¿sabes lo que hicieron? Se prepararon. Cuando llegaban estaban listos. Entregaban las minutas y las agendas, y se aseguraban de contar con la información necesaria. Se comportaron de una manera muy responsable.

Las reuniones son una de las herramientas más maravillosas para el desarrollo del personal de la empresa. Tú puedes ayudarles a los empleados a ser cada vez mejores, basta con involucrarlos para que contribuyan, pedirles su opinión, ponerlos a cargo de la reunión y darles responsabilidades para seguimiento.

Luego, cinco o 10 minutos antes de que termine la junta, di: "¿Hay algún otro tema que debamos cubrir ahora porque más adelante no será posible?", y la gente se apresurará a contestar. "¿Qué tal si esto o qué tal si aquello? ¿Qué les parece tal?" Es genial. Y en el momento preciso que previste terminar, di: "Muy bien, acabamos. Los veré en la próxima reunión".

Haz circular de inmediato las minutas de la junta. Escribe de qué se trató, qué temas discutieron, qué decidieron y a qué se comprometió cada uno. Entrega las minutas en un lapso no mayor a 24 horas para que todos tengan una copia de lo que se discutió. La probabilidad de que se realice todo de lo que se habló en la junta aumentará 10 veces si todos reciben la minuta.

De otra manera, estas reuniones se convierten en un ejercicio en el que se rebotan ideas y posibilidades. Todo mundo sale de ahí y regresa a lo que estaba haciendo sin ninguna noción de la responsabilidad. Una junta que no termina con tareas específicas y fechas límite bien claras para cada persona realmente no es una junta, es una conversación inútil.

Yo desarrollé una técnica que siempre uso en mis reuniones. Traigo un vaso o una taza con una cuchara dentro. La gente comienza a hablar: "Deberíamos hacer esto, deberíamos hacer aquello. ¿Por qué no hacemos mejor esto?", dicen, pero entonces yo tomo la cuchara y empiezo a darle golpecitos al vaso. Es una manera de preguntar: "¿Quién le pondrá el cascabel al gato?" "¿Quién exactamente se hará cargo de esta tarea?" "Sí, es una buena idea"; tu sugerencia es muy valiosa, pero ¿quién va a llevarla a cabo? Es asombroso cómo esta técnica ayuda a que la gente deje de decir: "Alguien debería hacer esto" y "Deberíamos hacer aquello". Y que en su lugar, cada quien asuma las tareas necesarias para cristalizar las propuestas.

Siempre tintinea el vaso o la taza, pero recuerda que una reunión que no termina con responsabilidades bien definidas (en las que todos estén de acuerdo) respecto a las tareas que se llevarán a cabo, la fecha de ejecución de cada una y la manera en que se medirá el éxito de las mismas, no es una reunión, es una conversación inútil porque no motiva a la gente sino todo lo contrario.

ANOTA ESE *TOUCHDOWN*

Te reitero una noción importante: sólo podrás avanzar en tu carrera en la medida en que termines tus pendientes e inicies y completes las tareas importantes. Ten esto en mente para todo lo que hagas. Pregúntate: ¿qué puedo hacer para aumentar el valor de mi contribución a mi empresa? Éste tiene que convertirse en tu principio de organización, porque entre más valor aportes, más exitoso serás. Cuando tenía treinta y tantos años tomé una decisión que cambió mi vida. Como lo mencioné anteriormente, trabajé para un hombre muy importante. Cada vez que no tenía nada que hacer con mi tiempo iba a su oficina y le decía:

—Estoy al día con todo; quiero más responsabilidades.

—Genial, de acuerdo —respondía él—. Déjame pensarlo y te aviso en cuanto tenga algo.

Como mi jefe dirigía negocios de cientos de millones de dólares, siempre estaba abrumado por todo el trabajo que tenía.

Hacia el final de mis días con esa empresa me pagaban más de lo que le habían pagado a cualquier otro empleado jamás. El simple hecho de decir: "Deme más responsabilidades. Quiero más responsabilidades", me permitió producir más y ser más exitoso empezando desde cero y sin tener ni contactos ni experiencia en empresas grandes.

Cuando te confíen ese nivel de responsabilidad, tómalo como si fuera un pase en un juego del Súper Tazón y corre a anotar un *touchdown*. Termina tu tarea lo más rápido que puedas y trabaja en ella como si tu futuro dependiera de eso, porque en realidad así es.

En cuanto termines la tarea regresa como el perro que atrapa su varita y vuelve corriendo. Regresa y di: "Quiero más, vuelve a lanzar la vara. Quiero más responsabilidad". Cuando te den una misión tómala, corre con ella y tráela de vuelta bien hecha y rápido.

CAPÍTULO CINCO

Los mejores métodos de productividad de todos los tiempos

En este capítulo quiero ofrecerte un cofre del tesoro con los mejores métodos de productividad que he enseñado en mi carrera. Aquí los explicaré uno por uno.

LA REGLA 80/20

Número uno: *aplica la regla 80/20 para todo.* La regla 80/20 la enunció el economista italiano Vilfredo Pareto en 1895, quien descubrió que 80% de la riqueza en Italia parecía estar en manos de 20% de la gente. Luego descubrió que sucedía lo mismo en todos los otros países de Europa. Asimismo, 80% de la riqueza de cualquier industria estaba en manos de 20% de las empresas u organizaciones en dicha industria. Luego se dio cuenta de que 80% del valor de cualquier cosa que uno hace está contenido en 20% de las tareas.

De acuerdo con esta regla, al organizar tu tiempo, 20% de lo que haces equivaldrá a 80% del valor de tu contribución. Como ya lo mencioné, lo más importante que puedes hacer es usar tu mente de una manera eficiente, es decir, tienes que pensar. Detente y piensa. Después de unos minutos, se acabó. Ahora haz una lista de todo lo que tienes que hacer y pregúntate: ¿qué 20% de las actividades en tu lista equivalen al 80% del valor?

Peter Drucker dijo que a veces se trata de la regla 90/10: si haces una lista de 10 cosas que tienes que lograr, una de ellas valdrá más que las otras nueve en conjunto. Si estás trabajando en una tarea de valor bajo, podrás realizar un trabajo fabuloso, pero será una pérdida de tiempo. De hecho, trabajar en tareas de bajo valor es un sabotaje para tu carrera. Quizá trabajes arduamente, pero lo que en verdad importa es en cuáles tareas te enfocas. Si trabajas con ahínco y te enfocas en las tareas que representan la contribución de mayor valor, te ascenderán en menos tiempo y te pagarán más.

EL MÉTODO A-B-C-D-E

Éste es un método maravilloso. No sé de dónde proviene, pero muchas de las personas que han leído mis libros y asistido a mis cursos me cuentan que esto fue lo que les permitió volverse ricas. Es la habilidad más sorprendente que han desarrollado y la utilizan todo el tiempo.

Cuando doy conferencias en otros países le llamo Método 1-2-3-4-5 porque a veces los alfabetos son diferentes. En cualquier caso, el método consiste en pensar que A es algo que tienes que hacer. La palabra más importante para definir las prioridades es *consecuencias*. ¿Cuáles son las consecuencias de hacer o no hacer esta tarea? ¿Son efectos de importancia o no?

Las tareas más relevantes, las más valiosas, son las que tienen las consecuencias más severas. Una tarea A siempre tiene consecuencias de importancia. Es un asunto delicado, algo que tienes que hacer obligatoriamente, porque de lo contrario estarás en problemas.

Siempre averigua qué tareas podrían tener las consecuencias más importantes. Éstas se convertirán en tus tareas A (por supuesto, estamos asumiendo que antes de comenzar ya tendrás escrita una lista de pendientes).

Tu siguiente tarea será la B. Una tarea B es algo que *deberías* hacer, como volver a hablar con tu jefe o con algún compañero de trabajo, o darle seguimiento a la correspondencia. Es importante porque tiene consecuencias, sin embargo, éstas no son tan relevantes como las de la tarea A.

¿Qué pasa si tienes más de una tarea A? No hay problema, en ese caso la prioridad se establecerá con números: A1, A2 y A3. La primera que deberías hacer, la más importante, es aquella con consecuencias de mayor peso. Si tienes más de una tarea B, escribe B1, B2, B3. Ésta es la regla: nunca hagas una tarea B si no has terminado la tarea A. Si no has acabado las tareas A y sientes la tentación de dar pretextos o de irte a la Isla del Algundía, detente y vuelve a la tarea A.

Forzarte a pensar de esta manera te vuelve una persona más inteligente, es casi como si estuvieras haciendo músculo. ¿Qué pasa cuando trabajas con pesas? Haces llegar sangre a tus músculos, y una vez que llenas tus vasos capilares con sangre fresca y oxigenada tus músculos se inflaman. Si haces esto de manera regular y descansas, los músculos se relajan pero se mantienen tan grandes como cuando estaban inflamados. Lo llamo efecto Schwarzenegger. Durante 50 años Arnold Schwarzenegger ha ido al gimnasio entre cuatro y cinco horas, unos cinco o seis días a la semana. Aún continúa ejercitando los músculos que ya desarrolló. Esta manera de establecer prioridades y trabajar en ellas es el equivalente a ese tipo de formación de músculo y te vuelve más inteligente.

Una tarea C es algo que sería agradable hacer, pero no tiene consecuencias. Ver cómo les va a tus amigos, ir a comer a un restaurante, leer el periódico, revisar tu bandeja de correos de *spam*, son cosas que sería agradable hacer. Son actividades casi recreativas en la oficina porque te hacen volver a tus tiempos de estudiante cuando jugabas con tus amigos. Porque cuando vas a trabajar lo haces con el condicionamiento natural de tu infancia en el que ves a tus compañeros como amigos y deseas jugar con ellos, tal y como ya lo mencioné antes. Conversas, ves los correos que te envían, les respondes y, de paso, les envías caricaturas y bromas.

Tengo un buen amigo que ya se retiró. Vendió su participación accionaria en un fuerte negocio nacional de muchos millones de dólares y con eso se compró condominios: uno en Hawái y otro en Florida. Mi amigo tiene una vida maravillosa y cuenta con mucho tiempo libre. Es una persona muy amistosa e inteligente. Cada dos o tres días me envía una broma, una caricatura o un poema que encontró en Facebook o en otro lugar de internet. Es lo único que hace porque ya se retiró: sigue enviándoles bromitas y poemitas a sus compañeros de juego.

Una tarea C es algo que sería agradable hacer, sin embargo, no hagas ninguna de estas actividades hasta no haber terminado tus tareas A y B. Los seres humanos tienden de manera natural a seguir la ley del menor esfuerzo; es a lo que yo llamo *principio de conveniencia*; la gente hace lo que es divertido y sencillo en lugar de lo difícil y necesario. Las tareas C son disfrutables, divertidas y fáciles; te dan una sensación de placer. El problema con eso es que cualquier acción que hagas de manera repetida en poco tiempo se convierte en hábito. La mayoría de la gente, es decir, los que están en el 80% inferior, fracasan porque adoptan el hábito de hacer actividades divertidas que no aportan ningún valor.

En el método A-B-C-D-E una tarea D es algo que le delegas a alguien más. Ahora bien, para delegar tareas también hay una regla. Primero debes preguntarte: "¿Cuánto gano por hora en mi trabajo?" Si ganas equis cantidad de dólares al año, divide esta cifra entre 2 mil, que es el número de horas promedio que trabaja una persona en nuestra sociedad. En Alemania es 1 800 y en Francia 1 600. En otros países es menos. Estos países son menos productivos y, por lo tanto, su nivel de vida es menor.

En todo caso, tú trabajas unas 2 mil horas al año y este dato te sirve para determinar el pago por hora. Si ganas 100 mil dólares anuales, divídelos entre 2 mil. El resultado es 50 dólares por hora. Luego pregúntate: "¿Estoy haciendo alguna actividad que *no* me pague 50 dólares por hora? ¿Le pagaría a otra persona 50 dólares por hacer lo que estoy haciendo en este momento?" Si ganas 50 mil dólares al año, entonces recibes 25 por hora, porque divides 50 mil entre 2 mil. Entonces vuelve a preguntarte: "¿Esta tarea vale 25 o 50 dólares por hora?" Si la respuesta es negativa, deja lo que estés haciendo de inmediato y ponte a hacer tareas que valgan 25, 50 o más dólares por hora.

Una de tus misiones en la vida es hacer que tu tiempo valga más cada vez. Un buen amigo mío, dueño de un bufete en Hollywood, tiene 105 abogados trabajando para él y todos le reportan directamente. Mi amigo me contó respecto a sus socios. Él es abogado corporativo y trabaja redactando contratos para empresas. Cuando salió de la escuela era bastante competente y ganaba 150 dólares por hora. Con el paso del tiempo empezó a ganar 175, y luego 200.

Estando en Hollywood empezó a notar que más y más empresas se estaban involucrando en negocios cuyos contratos incluían cláusulas sobre derechos digitales. Sus clientes comenzaron a preguntarle:

—¿Podrías incluir en este contrato algo que proteja nuestros derechos digitales?

—Por supuesto —contestaba él, y se ponía a revisar libros de derecho para averiguar cómo hacerlo.

Descubrió que a todos los abogados en Los Ángeles les estaban pidiendo que trabajaran en derechos digitales, pero ninguno era especialista en el tema. Entonces decidió especializarse en el área de derechos digitales para empresas de la industria del entretenimiento. Trabajó los fines de semana, tomó cursos adicionales y viajó por todo el país para asistir a conferencias y seminarios impartidos por expertos de primer nivel en el tema. Tiempo después se puso a la cabeza y su tarifa aumentó a 250 y luego a 275 dólares por hora.

Para los abogados lo más importante son las horas facturables. ¿Cuántas horas puedes vender como abogado? ¿Cuántas horas facturables tienes? Tu meta serían entre 1 500 y 1 800 horas al año, el resto es tiempo flexible para viajes y otros asuntos.

Actualmente mi amigo cobra más de mil dólares por cada hora facturable en la que prepara importantes contratos para empresas como Sony y Disney. Le pagan esa cantidad porque es muy hábil y porque su trabajo es tan competente que pueden confiar en que él se asegurará de que el acuerdo beneficie a todas las partes. ¿Por qué tendrían que llamar a otro abogado?

A veces mi amigo hace propuestas de un millón de dólares por encargarse del papeleo legal de una fusión o transacción de alto nivel. Las empresas le pagan con gusto esa cantidad porque saben que él les ahorrará entre cinco y 10 veces más. Mi amigo entiende la complejidad de cada frasecita o párrafo; sabe lo que significará cada derecho adicional.

Les ahorra una fortuna a sus clientes, y por eso ellos siempre regresan y lo vuelven a contratar con frecuencia. Al principio ganaba lo mismo que cualquier otro abogado en sus inicios, entre 100 y 150 dólares por hora. Hoy en día es uno de los abogados mejor pagados del mundo y tiene su agenda llena entre los próximos tres y cinco años. La gente se apunta en lista de espera y le paga lo que él pide porque se tomó el tiempo necesario para volverse muy bueno en algo que tiene consecuencias tremendas.

Para volver a mi punto inicial, ¿cómo delegar tareas? Pasándoles a otros cualquier actividad que alguien más haría por una tarifa por hora inferior a la tuya. Tú no vas a preparar café, no vas a sacar fotocopias y tampoco vas a ir a Starbucks para traer el café de tu grupo de amigos de la oficina porque nada de eso te paga 25 o 50 dólares por hora y porque no le pagarías a alguien más esa cantidad por hacerlo.

Mejor asegúrate de estar haciendo trabajo que pague más de lo que estás ganando ahora. Si haces esto, dentro de poco tu salario será superior al que recibes hoy en día, así que delega todo lo que puedas.

Siempre hazte las siguientes preguntas: *1)* ¿Esto tiene que hacerse? *2)* ¿Se tiene que hacer ahora? *3)* ¿Lo tengo que hacer yo? Si no tiene que hacerse, si tú no lo tienes que hacer o si alguien más puede hacerse cargo, delega la tarea.

REINVENCIÓN DEL MODELO DE TRABAJO

La última letra es la E de *eliminar*. Actualmente hay todo un movimiento que se denomina *reingeniería*, y yo lo he incorporado en mis enseñanzas. Tengo un programa llamado "Reinvención del modelo de trabajo", el cual te fuerza a revisar absolutamente todas las partes de tu negocio para averiguar si sigue siendo relevante para construir y mantener una empresa de alta rentabilidad. Esto significa que debes detenerte y dar inicio a nuevas estructuras en tu negocio. La reingeniería implica eliminar aspectos que ya no son tan valiosos como al principio.

Nuestro mayor enemigo es la zona de confort. Nos sentimos cómodos haciendo las cosas de cierta forma a pesar de que ya no es muy productiva, e incluso sabiendo que hay mejores maneras de llevar a cabo las tareas. Seguimos haciéndolo porque es fácil, es el factor de conveniencia. Hacemos lo que es divertido y sencillo cuando en realidad sólo deberíamos eliminarlo.

Por eso siempre les pregunto a mis clientes corporativos: "Sabiendo lo que ahora sabes, ¿hay algo que estés haciendo que no volverías a empezar a hacer si tuvieras esa opción?" Si me dicen: "No comenzaría tal proyecto, no me involucraría en aquella cosa, esto lo dejaría por la paz", entonces les hago una segunda pregunta: "¿Cómo puedes liberarte de esta tarea y cuán rápido?"

La regla establece que si no volverías a empezar ese proyecto hoy, entonces debes abandonarlo porque es una pérdida de tiempo. Significa que estás desperdiciando tus horas y tu vida, y además le estás haciendo daño a tu carrera.

Por todo lo anterior, lo primero que hago cuando trabajo con una empresa es ayudarle al equipo a hacer una revisión de todos sus productos, servicios y sistemas de organización y distribución. Hago que vean cada elemento por separado y pregunto: "Sabiendo lo que ahora sabemos respecto a resultados y productividad, ¿si no estuviéramos involucrados en este proyecto hoy, ¿participaríamos en él?" Si la respuesta es negativa, mi siguiente pregunta es: "¿Cómo nos salimos de esto y qué tan rápido podemos hacerlo?" A esto se le llama *pensamiento base cero.*

Tu capacidad y tu valor para abandonar un proyecto inútil podría cambiar tu vida. Todas las empresas con las que he trabajado, sin excepción, tienen áreas de actividad en las que no deberían participar. En algún momento, dichas actividades eran benéficas y rentables, pero ahora el mercado es distinto y ya no resultan útiles.

¿Cuál es la empresa más rentable del mundo? La respuesta es Apple. Fue la primera empresa del planeta que tuvo un billón de dólares en el banco. Todos conocen su historia: en los ochenta despidieron a Steve Jobs porque era una persona muy irritante. Insultaba a la gente y le gritaba a todo mundo. La empresa estaba al borde de la bancarrota, por lo que los directores votaron a favor de su despido y contrataron a un ejecutivo *senior* especialista en la industria de la alta tecnología.

Diez años después, la empresa volvió a estar a punto de quebrar y le pidieron a Steve Jobs que los asesorara. No le proveyeron toda la información, pero le dieron lo suficiente, y él les ofreció buenos consejos como consultor exterior.

A mediados de los años noventa se dieron cuenta de que la empresa estaba a punto de quebrar, así que trajeron de vuelta a Steve Jobs y lo hicieron presidente de nuevo. Todas las demás personas que colaboraron para hundir a Apple, la abandonaron. Entonces Steve Jobs preguntó: "¿Cuánto dinero tenemos en el banco?"

Tenían suficiente para operar dos meses y medio, pero luego la empresa tendría que cerrar. Tenían más de 4 mil empleados en todo el mundo y sólo les alcanzaba para pagarles esos dos meses y medio. Para colmo, las ventas no estaban generando suficientes recursos. Estaban al borde de la bancarrota.

Steve Jobs se hizo la pregunta clave del pensamiento base cero: "¿Hay algo que esté haciendo ahora en lo que no me involucraría de nuevo?" Luego trajo a varios equipos de gerentes.

—Quiero que evalúen todos los productos que tenemos y me den un reporte que indique cuántos son y en qué consisten —les dijo Jobs.

Nadie sabía cuántos productos tenía Apple, pero resultó que eran 104: unos vendían en grande, otros no tanto, algunos se vendían muy poco, y unos cuantos no se vendían en absoluto.

—De acuerdo, ahora quiero que revisen esta lista en distintos equipos y que encuentren los 10 productos más rentables, en los que deberíamos enfocar toda nuestra energía.

En una o dos semanas los equipos regresaron con sus respectivas listas de 10 productos, y resultó que eran distintas.

—A pesar de que esto no es rentable deberíamos conservarlo porque tiene un gran potencial o porque fue un gran producto en el pasado —dijeron algunos equipos: sí, la zona de confort.

Jobs revisó todo y les devolvió las listas con correcciones.

—Quiero que, entre todos estos productos, elijan sólo 10. De los 104 productos necesitamos 10 en los cuales enfocarnos.

Los empleados empezaron a gritar; estaban muy molestos.

—No podemos hacer eso, es imposible, somos una empresa muy grande. Hay demasiada gente involucrada, y si descontinuamos estos productos afectaremos a muchas personas.

—O se van los productos, o se van ustedes —les contestó Jobs.

Entonces los gerentes se pusieron a trabajar y terminaron con sólo 10. Jobs volvió a enviarlos a sus talleres y les dijo:

—Ahora quiero que elijan cuatro, nos vamos a enfocar sólo en cuatro.

Los empleados volvieron con cuatro productos y abandonaron los otros 100 que estaban retardando el flujo de efectivo que les hacía falta para sobrevivir.

Entonces Steve Jobs hizo algo muy interesante. Llevaba toda su carrera hablando mal de Bill Gates, siempre había acusado a Microsoft de ser una empresa inútil, incapaz de inspirar y con productos mediocres.

Apple y Microsoft comenzaron en la misma época y empezaron a cotizar en la bolsa de valores al mismo tiempo. Crecieron con rapidez de manera simultánea, y luego Microsoft dio un gran salto y se convirtió en una empresa líder en el mundo debido a su modelo de negocios. Mientras tanto, Apple estaba al borde de la quiebra.

Después de insultar a Bill Gates durante por lo menos 10 años, Jobs le llamó por teléfono. Gates tomó la llamada y dejó a su competidor hablar.

—Bill, tengo un problema: necesito mucho dinero y lo necesito de inmediato, porque de lo contrario Apple caerá en la ruina —explicó Jobs.

¿Y sabes lo que dijo Bill Gates?

—Steve, hemos tenido muchas opiniones diferentes en el pasado, pero Apple es demasiado importante para desaparecer. Te daré el dinero que necesitas.

—Te pagaré cualquier tasa de interés que me digas —agregó Jobs.

—No —dijo Gates—, no te voy a prestar el dinero, voy a comprar acciones de Apple, voy a lanzarme contigo en esto. Compraré acciones, y de esa manera, si Apple tiene éxito, yo también lo tendré. Y si no, entonces ambos sufriremos —explicó y a continuación compró una buena parte de la empresa de su contrincante y detractor.

Jobs tomó el dinero, transformó Apple de pies a cabeza y la convirtió en la empresa más valiosa del mundo. Podrás imaginarte lo que hoy en día valen las acciones de Apple que compró Bill Gates: miles y miles de millones de dólares. Y también podrás imaginar lo caballeroso que fue cuando le dijo a Jobs: "A pesar de todos los insultos, tu empresa es demasiado importante para quedar fuera del negocio", y salvó a Apple en un momento crítico.

Desde cualquier perspectiva, éste es un ejemplo del pensamiento base cero: eliminar cualquier producto que no es tan bueno como los otros. Ni siquiera los eliminas porque no sean buenos, sino porque no puedes hacer todo, porque tienes que poner límites. Actualmente les enseño a dueños de empresas de todo el mundo mi modelo de reinvención de negocios: te sientas, evalúas cada producto, cada actividad que realizas, y reinventas la empresa para convertirla en una máquina rentable.

Si en tu empresa no estás generando altos niveles de ganancias de manera consistente, tu modelo de negocios no funciona; es obsoleto. El mercado y tus competidores lo superaron. Si en verdad eres serio respecto a tener éxito, necesitas un nuevo modelo, así que sentémonos y analicemos los elementos como si se tratara de un rompecabezas desarmado y con piezas de sobra. Preguntémonos cuáles tenemos que quitar, cuáles debemos reemplazar. Ahora volvamos a armarlo.

He ayudado a los dueños a reinventar sus empresas mil veces y sólo me ha bastado ayudarles a alejarse un poco, analizar y eliminar los productos y actividades de bajo o nulo valor, y transformar el negocio en una máquina de hacer dinero.

De acuerdo con Harvard, 80% de las empresas tienen implementados modelos de negocio obsoletos. Se han identificado 55 modelos. Cada empresa tiene uno, pero Harvard también descubrió que incluso en empresas que forman parte de la lista de *Fortune 500* los líderes no tienen una idea clara de su modelo de negocio.

Si preguntas: "¿Cuál es tu modelo de negocio?", te darás cuenta de que la mayoría de las empresas no lo sabe. "Producimos esto y vendemos aquello", me han dicho. Y yo insisto: "¿De qué manera determinas qué productos ofrecer y a qué empresas venderles? ¿Cómo estableces tus precios? ¿Cómo te anuncias y promueves? ¿Cómo te posicionas contra la competencia?"

Tu modelo de negocios consiste en 10 factores distintos que se ensamblan como las piezas de una máquina, uno detrás del otro. Si el total de las piezas es el adecuado, la máquina funciona a la perfección.

Imagina que tienes una máquina que no funciona, digamos, un reloj de alarma. Tienes que desarmar el reloj, colocar todas las piezas en orden sobre la mesa de trabajo, identificar la pieza o piezas defectuosas, y reemplazarlas con unas nuevas. Luego vuelves a ensamblar el reloj y verás que funciona a la perfección.

Todos los negocios son como máquinas. En casi todos los casos uno o dos de los componentes clave del modelo están rotos o dejaron de ser eficaces. No funcionan y además provocan que a la empresa le cueste demasiado trabajo obtener ganancias. El modelo de negocios es también el modelo de la rentabilidad, por eso es fácil saber si es bueno: de ser así, estarás obteniendo buenas ganancias de manera consistente y confiable, todos los días, semanas y meses.

De lo contrario, ha llegado la hora de jalar las riendas, detenerse y decir: "Tiempo fuera. Sentémonos y analicemos esto con detenimiento, parte por parte. Vamos a asegurarnos de estar haciendo lo correcto. ¿En qué áreas no estamos generando ganancias? ¿En qué actividad no volveríamos a involucrarnos si tuviéramos que empezar de nuevo?"

Una empresa es un organismo generador de ganancias. Su único propósito es generar un ingreso al proveerles a sus clientes los productos y servicios que mejorarán su calidad de vida.

Una noche, poco antes de que falleciera, cené con el economista Milton Friedman. Me dijo que el propósito de un negocio era generar ganancias. El propósito no es hacer una labor social ni caritativa, ni tampoco salvar el mundo. Su meta es ofrecer productos y servicios que enriquezcan la vida de la gente, y hacerlo de una manera rentable, de tal suerte que se genere más de lo que se gaste.

Peter Drucker decía que las ganancias son el costo del futuro. Una empresa o industria en la que no hay ganancias, no tiene futuro, y esto en ocasiones les sucede a países enteros también.

Tú, en tanto que individuo, también eres un mecanismo de generación de ganancias. Ganas dinero y tu objetivo es ganar más de lo que te cuesta vivir. No tiene ningún sentido ganar sólo lo suficiente para comer, necesitas más que eso, necesitas generar un ingreso mayor. Tienes que ahorrar y acumular recursos. Volverte independiente en el aspecto financiero y, luego, rico. Por todo esto, es obvio que también tienes un modelo de negocios personal. Naturalmente, tu modelo sigue las mismas líneas que el corporativo. ¿Qué servicio ofreces? ¿Cuánto cobras y cómo podrías mejorar tus servicios para cobrar más? ¿Qué podrías hacer de manera distinta? ¿Qué podrías añadir o restar? ¿Qué podrías empezar a hacer o de qué proyecto podrías retirarte? Todas éstas son preguntas importantes porque te fuerzan a pensar, y pensar te vuelve más inteligente.

Luego pregúntate quién es tu competencia. ¿Quiénes más están haciendo un trabajo similar al tuyo y desean ganar la misma cantidad de dinero o más? Para que te paguen más que a esas personas, el resultado de tu trabajo tiene que ser superior al suyo.

Todas estas preguntas te obligan a preguntarte: "¿Cómo puedo conducir mi actividad económica de mejor manera? ¿Cómo puedo ser mejor? Como individuo, ¿cómo puedo diseñar un modelo de negocios personal que me permita volverme rico?"

No basta con tener suficiente para cubrir tus gastos. Ni siquiera deberías pensar en solamente ser acomodado: tienes que ser rico. Tal vez no te vuelvas una persona rica, pero no falles sólo porque nunca te pusiste esa meta. Establécela y luego pregúntate: "¿Cómo puedo lograr esto? ¿Qué necesito hacer en mayor cantidad o qué necesito hacer menos para ofrecer una contribución mayor, ganar más dinero y crear así una vida mejor para mí y mi familia?" Estos temas son componentes esenciales de la productividad.

De manera absoluta, 50% del tiempo laboral se desperdicia en actividades improductivas. En algunos casos llega a 60 o 70%. En todos los espacios de trabajo la mayoría sabe quién es la persona más productiva, no necesitas colgarte un letrero en la espalda. Todos saben quién es la persona más valiosa. En un negocio, si tienes 10 empleados, dos de ellos producirán 80% de los resultados y serán las personas para quienes se abran todas las puertas. Son a quienes los gerentes veneran. De hecho, el éxito de muchas empresas tiene como base el talento de solamente una o dos personas.

Hace algunos años un amigo mío escribió un libro llamado *The Outperformers*. En él explica que toda empresa exitosa tiene un *outperformer*, es decir, una persona cuyo desempeño siempre supera al de los demás. Las empresas pequeñas necesitan tener por lo menos un empleado que sea productivo en extremo. Si se trata de una organización de ventas, necesita por lo menos un súper vendedor.

Hewlett-Packard es un excelente ejemplo de esto. Esta empresa comenzó con dos hombres que salieron del ejército, decidieron fundar una empresa de alta tecnología y tuvieron una idea para crear una máquina. Hewlett era un ingeniero con una capacidad asombrosa, diseñó una máquina sencilla que podía formar parte de muchos otros dispositivos, y él y su socio empezaron a producirla en una cochera de Palo Alto, California. Ése fue el inicio de Silicon Valley, incluso puedes ver la cochera si sigues la ruta del autobús. Puedes pasar en tu automóvil y ver un gran letrero que indica cuál es la cochera donde nació Hewlett-Packard hace tantos años.

David Packard tenía una gran personalidad y era un vendedor maravilloso. Podía vender como un artista, así que salió y empezó a ofrecer el producto. Como podía venderlo, y como Bill Hewlett lo había diseñado y era capaz de manufacturarlo, juntos crearon una de las empresas más exitosas de la historia.

Apple comenzó con Steve Jobs y Steve Wozniak. Microsoft fue fundada por Bill Gates y su socio. En todos los casos, uno era un genio de la tecnología y el otro era un genio de las ventas. Uno intuía lo que querían los clientes y cómo hacerlos felices, y el otro sabía cómo fabricar el producto.

Sucede lo mismo en tu caso: necesitas alguien con un desempeño superior al de todos los demás, y si no cuentas con una persona así, te sugeriré algo: conviértete en ese individuo de alto desempeño. Date a conocer como la persona que en verdad produce resultados. Tal vez tengas que trabajar un poco más duro, quedarte hasta un poco más tarde y llegar más temprano a trabajar, quizá tendrás que leer, estudiar y tomar cursos, pero si te dedicas con toda tu alma a convertirte en una persona valiosa, la gente pagará cualquier sueldo por mantenerte en su empresa.

LA REGLA DE LAS TRES

Permíteme hablar ahora de la regla de las tres. La descubrí después de muchos años de trabajar en el área de administración del tiempo y de la productividad personal.

Todos mis estudiantes tienen que realizar este ejercicio. Les digo que hagan una lista de lo que hacen en una semana o un mes. Por lo general les pido que tengan la lista antes de asistir al primer día de mi programa. Traen su lista, algunos incluyen 10 o 20 actividades, otros anotan entre 30 y 40. Otros tienen listas de 50 o 60.

Cuando me entregan el documento les digo: "Sin mirar tu lista te puedo decir qué 10% de las cosas que haces equivalen a 90% de todas las demás porque 90% de las actividades que realizas son una pérdida de tiempo. Además, hay tres cosas que valen más que todas las demás en conjunto".

¿Cómo puedes identificar estas tres actividades? Debes hacerte tres preguntas mágicas que te volverán rico. De hecho, si nada más tuviera cinco minutos para decirle a la gente cómo amasar una fortuna, le hablaría de estas tres cosas:

1. Si sólo pudiera hacer una durante todo el día, ¿cuál actividad aportaría la mayor cantidad de valor a mi trabajo y a mi empresa? Puedes tomarte un poco de tiempo para pensar, pero la mayoría de la gente sabe la respuesta casi de inmediato. En algunos casos es muy sencilla: "Si sólo pudiera cerrar ventas", "Si fuera más capaz para el trabajo de prospección y pudiera hablar con mejores clientes potenciales".
   La actividad de ventas tiene varias partes, y con frecuencia sólo uno de los eslabones de la cadena es el que te permite ser una persona de desempeño extraordinario, desempeñarte mejor que los demás o ser un fracaso.
   Una vez que tengas la respuesta, encierra esa actividad en un círculo y pregúntate:
2. Si sólo pudiera hacer dos cosas de esa lista todo el día, ¿cuál sería la segunda actividad más valiosa?
   Por cierto, esta pregunta es un poco más difícil de contestar. La número uno suele ser muy sencilla, pero la segunda se complica. No te preocupes, tendrás la respuesta muy pronto. Cuando la sepas, pregúntate:

3. Si sólo pudiera hacer tres cosas de esa lista todo el día, ¿cuál sería la segunda actividad más valiosa para mi negocio?

Si tomas estas tres actividades y las miras un poco de lejos, comprenderás algo de manera tan repentina que será como si un foco se encendiera en tus narices. Será muy emocionante descubrir que estas tres actividades definirán todos tus resultados financieros en la vida. Determinarán tu éxito y tu felicidad. Determinarán tus niveles de logro, de respeto y de autoestima. Todo se reduce a estas tres actividades, el 97% restante agrega muy poco valor.

La regla de las tres te dice que debes dejar lo demás a un lado. Primero toma la actividad uno, luego la dos y luego la tres. Trabaja en la uno y dedícate a ella hasta que hayas ejecutado la mayor cantidad posible de trabajo en ella. Después haz lo mismo con la número dos y con la número tres. Todos los días de tu vida, pregúntate: "¿Cuáles son mis tres actividades esenciales?"

Warren Buffett fue durante muchos años el hombre más rico del mundo. Actualmente tiene alrededor de 84 mil millones de dólares. Si hubieras comprado por 100 dólares acciones de su empresa, Berkshire Hathaway, cuando comenzó, ahora valdrían más de dos millones de dólares, porque su valor ha tenido un aumento fiscal de 25% o más al año, durante varias décadas.

Cuando le preguntaron a Buffett: "¿Cuál es el secreto de su éxito?", contestó: "Es muy sencillo. Simplemente le digo *no* a todo. Le digo *no* a todo, excepto a mis tareas más importantes, y sólo trabajo en ellas. Las realizo durante todo el día y el resto del tiempo lo ocupo para estudiar".

Buffett lee 500 páginas diariamente. Estudia libros y artículos entre seis y ocho horas al día, y sólo pasa unas dos horas haciendo sus tres tareas más importantes. El resto lo delega o lo elimina.

Tengo un buen amigo que trabajó 25 años para IBM. Esta empresa se metió en serios problemas económicos a finales de las décadas de los ochenta y los noventa. Muchos pensaron que terminaría en bancarrota; despidieron al presidente y a todos los ejecutivos de alto nivel. Contrataron a un nuevo presidente que llegó con su propio equipo y transformó la empresa de pies a cabeza.

Durante esta transformación el equipo descubrió que mucha gente talentosa estaba haciendo demasiadas actividades que tenían un valor muy bajo o nulo, así que implementaron la regla de las tres. Les enseñaron a todos los empleados a identificar las tareas más importantes que hacían a lo largo del día, y luego les mostraron cómo trabajar en ellas todo el tiempo.

A los gerentes les enseñaron a ayudar a los empleados a enfocarse en estas tres actividades. Si un gerente hablaba con la gente o se reunía con el personal, lo primero que preguntaba era: "¿Cuáles son tus tareas más importantes?", y la persona tenía que saberlo a la perfección. La respuesta debía ser transparente: bum, bum, bum. Luego el gerente preguntaba: "¿En este momento estás haciendo alguna de ellas?" Y así, la empresa cambió por completo.

La de IBM fue una de las mejores y más importantes transformaciones corporativas de la historia, y consistió en que todos identificaran sus tres tareas, y en motivarlos para ser cada vez mejores en ellas. Con esto basta para que tengas un gran éxito.

MEJORA TUS HABILIDADES CLAVE

El cuarto método de productividad consiste en mejorar tus habilidades clave. Es el corolario natural de la regla de las tres. Una vez que hayas identificado las tareas, dedícate a ser mejor en cada una de ellas. Necesitas convertirte en el mejor en las tres.

El abogado del que hablé anteriormente se dio cuenta de que lo más valioso que podía hacer era escribir complejos acuerdos intelectuales que lidiaban con todos los componentes de la alta tecnología y entregárselos a sus clientes para que éstos pudieran ahorrar y ganar enormes cantidades de dinero. Podía cobrar prácticamente lo que quisiera porque las empresas lidiaban con activos de miles de millones de dólares que podrían verse afectados por las cláusulas contractuales.

Por todo esto, identifica tus tres tareas más importantes y ponte como meta ser el mejor en esas áreas.

Una de las afirmaciones más útiles es la que yo repetía cuando mis hijos eran niños: "Soy el mejor, soy el mejor, soy el mejor" o, claro: "Soy la mejor, soy la mejor, soy la mejor". Continúa repitiéndolo. A mis hijos les digo: "Eres el mejor, eres excelente en lo que haces. En verdad eres extraordinario".

A mi personal le digo lo mismo. Shirley, mi secretaria, comenzó siendo una chica muy seria, con baja autoestima y una imagen muy deteriorada de sí misma. Yo solía decirle: "¿Sabes? Eres la mejor, en serio, eres la mejor". Trabajó muchos años conmigo, y para cuando se retiró, decía: "Soy una bomba, soy la mejor en este negocio", y lo decía en serio. Estaba muy contenta y sonreía. Su trabajo era extraordinario. Yo la halagaba y encomiaba su labor cada vez que podía, y de esa manera ella mejoró todo el tiempo en las actividades clave.

AFIANZA TUS TALENTOS ESPECIALES

El quinto método de productividad consiste en afianzar tus talentos especiales. Afianza y multiplica. Esto significa enseñarles a otras personas cómo hacer tus tareas más importantes para que puedas avanzar más en ellas dentro de tu empresa.

Cuando fundé una de mis compañías, mi mayor contribución dependía de mi capacidad para las ventas. La mejor manera de robustecer esta habilidad fue reclutar a gente que estuviera ansiosa por tener éxito y enseñarle a vender.

A los 24 años obtuve un empleo en el área de ventas y por fin aprendí a realizarlas como se debía. Lo hacía tan bien que me preguntaron si podría reclutar a otros y me dijeron que me pagarían más sobre mis comisiones. Entonces, utilizando mis propios recursos, comencé a poner en los periódicos anuncios en los que ofrecía un empleo de ventas muy bien pagado. Me contactaron personas de seis países. Las entrevisté, y a las que me agradaron las contraté y les enseñé a vender.

Cada mes trabajaba con uno de mis equipos de ventas en esos seis países. Continué viajando, enseñando. Los llevaba a campo y los acompañaba en sus llamadas de ventas. Los convertí en vendedores extraordinarios.

Mis ingresos aumentaron 20 o 30% gracias a los sobrepagos que recibía por lo que vendía. A lo largo de los años me he mantenido en contacto con la gente de mis equipos; muchos se han vuelto millonarios, dirigen conglomerados o son dueños de empresas. El punto coyuntural en sus vidas se dio cuando, para afianzar mi carrera, empecé a enseñarles a ser realmente buenos en lo que estaban haciendo.

IDENTIFICA TUS LIMITACIONES PRINCIPALES

El sexto método consiste en identificar tus limitaciones principales. La idea de la administración y la eliminación de las limitaciones proviene de un profesor de la Universidad de Tel Aviv, llamado Eliyahu Goldratt. Este profesor escribió un libro llamado *The Goal* que ha tenido un impacto enorme y en el cual presentó una manera distinta de ver el trabajo. Se llama *teoría de las limitaciones* (o restricciones) y actualmente se imparten seminarios de tres días para enseñarla. Esta teoría es uno de los principios de la administración del tiempo más brillantes que he escuchado; todos los ejecutivos de alto nivel que conozco han profundizado en ella.

En pocas palabras, la teoría de las limitaciones dice que entre tú y cualquier meta que desees lograr existe una limitación de grandes dimensiones. Hay un factor importante que determina cuán rápido puedes lograr ese objetivo, y tu tarea es identificarlo para luego eliminarlo. Esto te permitirá avanzar con mayor rapidez hacia tu meta por encima de cualquier otro factor.

Goldratt también dice que una vez que hayas eliminado la limitación encontrarás otra. Ahora tu tarea consistirá en eliminar la segunda, lo cual determinará la velocidad en que lograrás tu meta más importante o completarás tu actividad más valiosa.

Te daré un ejemplo muy simple. Apple vende computadoras tipo laptop. Las laptop son buenas, pero los competidores venden algo casi tan eficiente. Además la competencia es feroz porque ahora están involucrados países como Japón, Taiwán y China, los cuales producen computadoras con altos niveles de eficacia a muy bajo costo.

Apple dijo: "No lo logaremos sólo con las computadoras, necesitamos algo más. Necesitamos un nuevo producto que nadie tenga". Pensaron y pensaron, y se dieron cuenta de que la gente andaba por ahí cargando enormes reproductores de audio para escuchar cintas o CD. ¿Los recuerdas?

Sony sacó el Walkman. Con él podías escuchar cintas y CD, y llevarlos contigo a todas partes, pero sólo podías transportar algunas canciones.

A Apple se le ocurrió un producto que permitiría reproducir y grabar series completas de canciones en un solo aparato y escucharlas con audífonos. Sacaron el iPod y su eslogan de ventas fue: "Mil canciones en tu bolsillo". Podías tener todas tus canciones en un aparatito que cabía en el bolsillo del pantalón o en tu bolso, y escucharlas con tus audífonos.

Le asignaron un precio de 500 dólares y vendieron cinco millones de unidades. Apple pasó de tener problemas económicos y estar al borde de la bancarrota, a ser una empresa rentable. Una vez más, dijeron: "Necesitamos otro producto que nadie tenga, que supere todo lo que están haciendo los demás".

Había muchos teléfonos portátiles en aquel tiempo y Motorola era el rey, pero ahora es sólo un vago recuerdo en la industria de la telefonía. La empresa más grande del mundo era Nokia, que contaba con 50% del mercado mundial de teléfonos portátiles. Nokia y Blackberry eran dueños de este mercado. Nokia tenía entre 49 y 50%, y Blackberry entre 30 y 40%. El resto estaba repartido entre las otras empresas.

Cuando Apple anunció el iPhone, Nokia y Blackberry dijeron que era un juguete, que nunca funcionaría y que sólo les interesaría a los adolescentes y los niños. ¿Quién quiere tomar fotografías, enviar mensajes y hacer videos breves para entretener a sus amigos? ¿Quién quiere tener largas listas de nombres, tener correo electrónico y todo eso? La gente no quiere nada de eso. Sólo quiere un artículo tecnológico sencillo como un teléfono celular.

En cinco años, ambas empresas estaban en bancarrota, habían desaparecido. Microsoft se apropió de Nokia y la cerró, Blackberry simplemente quebró. Pasaron de tener 50% del mercado de negocios mundial a menos de 1% en un lustro. Esto permitió que Apple se convirtiera en una de las empresas con mayores recursos y más prósperas del mundo.

Apple reevaluó su modelo de negocio. Se dijeron: "Lancemos algo que sea mejor y distinto a todo lo que hay en el mercado", y siguieron mejorando su producto. Tuvieron que asignarle un precio que le permitiera a toda la gente comprarlo, lo ofrecieron en la mágica cantidad de 500 dólares. En Europa y Asia se vendió por 500 euros, más o menos el equivalente a 700 u 800 dólares. Ahora cuesta mil dólares, pero el precio puede llegar hasta 1 500 si adquieres uno con más funciones. Esto le permitió a Apple reunir un fondo de reserva de un billón de dólares.

Luego lanzaron el iPad, un dispositivo que diezmó al mercado de las computadoras de escritorio y las laptop.

Apple vio maneras nuevas de hacer las cosas. Experimentaron con productos innovadores, con sus precios y sus compradores, y transformaron el mercado.

Independientemente del mercado en que te desempeñes, piensa que éste se volverá obsoleto tarde o temprano. Tal vez ya lo es. Por eso tendrás que empezar a pensar: "¿Cuál será mi siguiente milagro? ¿Qué tendré que estar haciendo en cinco años para ganar la cantidad de dinero que me interesa?"

¿Cómo identificar los elementos que limitan tu productividad? Debes preguntarte: "¿Cuál es mi objetivo más importante en la vida? ¿El objetivo que tendría el mayor impacto en mi vida si pudiera realizarlo?" En los negocios siempre se trata de un objetivo financiero. Después pregúntate: "¿Qué es lo que establece la velocidad a la que podré lograrlo?"

Lo que define la velocidad en el comercio es el número de ventas que realices, así que puedes preguntarte: "¿Qué define la velocidad en que ganaré esta cantidad de dinero en ventas?" Por lo general, siempre hay un elemento en el que puedes enfocarte.

En tu negocio puedes decir: "¿Qué es lo que limita el crecimiento de mi empresa?" Desde hace 30 o 40 años muchas organizaciones han descubierto que casi siempre lo que se necesita para oponerse a la limitación es encontrar y contratar a una persona con una serie particular de talentos y habilidades. Un campeón, alguien que pueda lograr que el producto tenga éxito.

Steve Ballmer se presentó y se convirtió en el presidente de Microsoft en una etapa muy temprana del juego. Fue uno de los primeros empleados. Le agradó a Bill Gates porque era muy competente. Ahora está retirado, vendió toda su participación accionaria. Es uno de los hombres más ricos del mundo; creo que su fortuna asciende a 16 mil millones de dólares. Algunas de las personas más ricas son gente que comenzó con nada y trabajó con empresas que crecieron con mucha rapidez. Se desarrollaron con las empresas y recibieron opciones de acciones o compraron una participación. A medida que la empresa creció se fueron volviendo más ricos, como Warren Buffett.

En todo el mundo hay multimillonarios que amasaron sus fortunas gracias a Buffett. Son gente que desde que era muy joven empezó a adquirir acciones de su empresa, Berkshire Hathaway. Todos conservaron sus empleos. Algunos son abogados, otros médicos, pero también hay dentistas, y algunos tienen negocios pequeños. Sin embargo, su estrategia financiera a lo largo de su vida consistió en comprar más acciones de la empresa de Warren.

Estas personas ahora son millonarias o multimillonarias, pero nunca las has visto en las listas de los grandes líderes porque sólo son accionistas que hicieron lo que dijo Warren Buffett: "Compra acciones y nunca las vendas". También dijo: "Yo compro acciones, pero nunca las vendo. Compro buenas acciones y permito que crezcan a través de los tiempos buenos y los malos". Es su estrategia principal, comprar buenas acciones y no venderlas; es lo que lo ha convertido en la tercera persona más rica en la historia del mundo.

LIBÉRATE DE LAS TRAMPAS TECNOLÓGICAS TEMPORALES

El séptimo método consiste en liberarse de las trampas tecnológicas temporales. Muchas empresas han quebrado porque no pudieron moverse a la par de la tecnología moderna. Hay quienes no se dan cuenta de que la tecnología con la que están teniendo éxito sus competidores es nueva, y que lo que ellos ofrecen es obsoleto. Tienen que ponerse al día en el juego. Para mantenerse con vida necesitan lanzar tecnología completamente nueva. Todas las empresas exitosas actualizan sus elementos tecnológicos de manera constante.

Una empresa puede caer en una trampa tecnológica temporal si trata de enfrentarse a sus nuevos competidores con tecnología de antaño, ya que éstos cuentan con productos y servicios más rápidos, eficientes, económicos, fáciles de usar y compatibles. Por desgracia, muchos deciden permanecer en la zona de confort y tratan de hacer que los viejos productos funcionen.

Si estás atrapado en una trampa tecnológica temporal, si no tienes la habilidad, la voluntad o el dinero para actualizarte, tus días están contados. No es una opción, no puedes decir: "Tal vez lo haré, tal vez no". Si no eres tan bueno o mejor que tus mejores competidores, prácticamente se te acabó el tiempo, tu negocio está llegando a su fin.

Anteriormente mencioné que otra de las trampas tecnológicas temporales se relaciona con los correos electrónicos. La gente se la pasa trabajando en su computadora. En la empresa que tenía y que le vendí a mi socio hay 38 personas que laboran en mercadotecnia de alta tecnología. Les pedimos que apaguen sus teléfonos celulares la mayor parte del día, también tienen silenciadas las notificaciones del correo electrónico. Les pedimos que apaguen todo esto para que puedan enfocarse de manera exclusiva en aquello que determina su éxito: vender más productos y generar más ventas.

Como ya lo señalé, 50% del tiempo laboral se desperdicia. La primera razón por la que esto sucede es el parloteo banal entre los empleados. La segunda es el hecho de que todo el día entras y sales de tu computadora y del correo electrónico. Para cuando llega la noche, ¿qué sucedió? Estás agotado y no has hecho nada, así que sólo haces un viaje a la Isla del Algundía: "Mañana haré esto. La semana que viene haré aquello". Con el tiempo esto se convierte en hábito y todos se dan cuenta de lo improductivo que eres.

CORTA Y FRACCIONA LA TAREA

El octavo método consiste en cortar y dividir la tarea. Es una técnica que han desarrollado los especialistas en la administración del tiempo. Significa que debes tomar una tarea grande, fragmentarla y hacer una sola cosa a la vez. Tal vez has escuchado la pregunta: "¿Cómo te comes un elefante?" La respuesta es: "Tomando un bocado a la vez". Recuerda la cita de Henry Ford: "El objetivo más importante en el mundo se puede lograr si divides la tarea en pequeñas piezas y luego te enfocas en una a la vez. Paso a paso".

Ésa es la técnica. Tomas una tarea, la divides en fragmentos porque así será mucho más fácil motivarte a llevar a cabo cada uno de éstos, incluso si se trata de sólo hacer una lista de los mismos. Esto desencadenará en ti la primera acción constructiva. Cuando des ese paso tendrás retroalimentación positiva: un disparo de endorfina que te brindará la sensación de felicidad. Así te lanzarás con ganas a la tarea número dos, la número tres, y dentro de poco tiempo estarás volando.

Cuando la gente se acerque a ti y te pregunte si tienes tiempo para ir a almorzar, di: "No puedo ir ahora. Voy a terminar esta tarea. Voy a comer en mi escritorio". Tendrás tantas tareas que completar, que muy pronto empezarás a pensar en todo tipo de razones por las cuales no debes desperdiciar el tiempo.

LA URGENCIA

La mayoría de las personas productivas tienen noción de la urgencia. Abordan las tareas con rapidez. Cuando tienen una idea reaccionan de inmediato al respecto. Cuando leen, encuentran una reflexión o un principio estratégico y los aplican de inmediato. Detente y hazlo tú también.

Las palabras más poderosas que podrás enunciar son: "Hazlo ahora". Repítelas una y otra vez, de esa manera las grabarás en lo más profundo de tu subconsciente. Si sientes la tentación de abandonar una tarea, dite: "Espera un minuto, hazlo ahora". Te forzarás a ti mismo, te volverás tu propio porrista y te motivarás para seguir adelante.

"Hazlo ahora" son dos palabras maravillosas para propiciar la sensación de urgencia. Cuando trabajaba para aquel jefe importante del que te he hablado nada me hacía moverme con mayor rapidez que empezar y terminar todo lo que me pedía. Este jefe tenía un edificio de oficinas completo, lleno de gente a la que podía pasarle el trabajo, pero si quería que se hiciera rápido, me lo asignaba a mí. Decía: "Hay mucha gente a la que le puedo pedir que haga esto, pero si lo quiero pronto, se lo doy a Brian".

Un día se acercó a mí, me había enviado a Reno para ver un terreno. Fui con dos o tres de los dueños y con un par de personas de nuestra empresa. Era un terreno de varios millones de dólares con vista hacia Reno, parecía fabuloso para construir un desarrollo de casas porque tenía vistas increíbles. Era hermoso y estaba cubierto de vegetación. Había manantiales y los dueños querían venderlo en lo que en verdad costaba.

El terreno lucía increíble, así que la persona a cargo regresó y le dijo a mi jefe que deberíamos comprarlo. El jefe dio un depósito de un millón de dólares y luego me dijo: "Brian, ya compramos el terreno, ahora necesitamos desarrollarlo". Él sabía que podía enviarme y que yo empezaría a armar un equipo adecuado de contratistas. Ya había desarrollado la habilidad para ese tipo de proyectos, podía hacer listas extensas, listas más breves, echar todo a andar y moverme con agilidad. Mi jefe agregó: "Si pudieras dar inicio a este proyecto, te lo agradecería".

Fui de inmediato a Reno. En aquel tiempo vivía en Edmonton, Alberta, así que tuve que viajar alrededor de 1 600 kilómetros. Fui a ver al abogado que estaba manejando la transacción en nombre de los vendedores y le dije:

—Vine a iniciar el desarrollo de la propiedad. ¿Me puede asesorar? —el abogado, que era un individuo muy amable, se quedó en silencio—. ¿Hay algún problema? —pregunté.

—¿Ya habló con alguien respecto al potencial de desarrollo de esta propiedad?

—No —dije—, pero he realizado varios desarrollos inmobiliarios en terrenos planos, así que sé cómo desarrollar una subdivisión residencial.

—Antes de cerrar la transacción ¿por qué no habla con la persona que conoce esta propiedad mejor que nadie? —sugirió el abogado. Se trababa de un ingeniero hidráulico que vivía en un pequeño pueblo a unos 80 kilómetros de Reno—. Este individuo podrá responder a todas sus preguntas. Le dirá todo lo que necesita saber respecto al desarrollo de la propiedad.

Para ese entonces había aprendido que una de las decisiones más inteligentes que puedes tomar es hablar con una persona profundamente informada, así que renté un automóvil para ir a ver al ingeniero. Era invierno, tuve que conducir por resbalosos caminos llenos de nieve para llegar al pueblito. Encontré al ingeniero en casa porque ahí tenía su oficina.

—Soy el responsable del desarrollo de esta propiedad —le dije. Parecía un individuo muy simpático.

—Brian, usted nunca va a poder desarrollar esta propiedad porque no hay agua en ella —me explicó.

—Oiga, no, un momento —dije. Sacamos los mapas y los extendimos—. Cuando visité el terreno me mostraron agua en estos lugares.

—Lo que le mostraron son manantiales de agua proveniente del terreno adyacente al que les vendieron. Este terreno llevaba varios años en el mercado. De hecho, en Reno ya empezó a correr el rumor de que los propietarios encontraron un imbécil a quién venderle la propiedad. Una vez hecha la transacción, usted tendrá en sus manos un terreno que no se podrá desarrollar ni en 100 años.

—¿Habla en serio?

—Prefiero que no me mencione, pero yo fui quien hizo todo el trabajo de ingeniería hidráulica en esta propiedad. No hay agua y nunca la habrá.

Regresé a hablar con el abogado que todavía tenía nuestro cheque de un millón de dólares en su fideicomiso. Le habíamos enviado el dinero a él, pero mi jefe me ordenó que lo transfiriera del fideicomiso del abogado a la cuenta de los vendedores y que cerrara la transacción.

—Quiero que me devuelva ese cheque —le dije en cuanto entré. Él se me quedó mirando.

—Gracias a Dios que lo averiguó. Me he sentido muy incómodo en medio de esta transacción porque sé que es un terreno inútil y que no se puede desarrollar, pero no podía decir nada. Sabía que los dueños estaban tratando de endosárselo a alguien foráneo.

Se suponía que ese día se cerraría la transacción. Debía transferir el millón de dólares del fideicomiso del abogado a las 5:00 p.m. Cuando entré a su despacho y le pedí que me devolviera el cheque eran cinco minutos antes de las 5:00. El abogado me hizo un cheque certificado. Yo había llegado la noche anterior, llevaba todo el día conduciendo y trabajando. Tomé el último vuelo a casa. De regreso llamé por teléfono a mi jefe y le conté todo.

—Supongo que fue buena idea que fueras un día antes —me dijo—. No había planeado enviarte sino hasta la semana siguiente, quizá. Gracias por adelantarte.

Mi jefe se había vuelto rico porque era una persona que pensaba bien las cosas y cuidaba el dinero. A la mañana siguiente entré a su oficina y le entregué el cheque de un millón de dólares.

A partir de ese día me convertí en una de las personas más valiosas de la empresa. Tuve mi propia oficina y personal a mis órdenes, me pusieron a cargo de desarrollos y empresas enormes, fue asombroso. Siempre que querían hacer algo con un colosal conglomerado multinacional le llamaban a Brian. Y yo respondía casi como asesino a sueldo.

Hace tiempo escribí un libro llamado *Victory*. En él describo episodios históricos importantes en los que pequeños ejércitos tuvieron victorias extraordinarias y conquistaron imperios. De manera recurrente encontré que el factor vital que le permitió a una fuerza inferior en número detectar una brecha en las filas enemigas y moverse con rapidez sin esperar fue precisamente la noción de urgencia. Si hubieran esperado dos horas, la oportunidad se habría esfumado y sus enemigos los habrían vencido. Los habrían matado a todos, habrían perdido la guerra.

ENFÓCATE EN UNA SOLA TAREA A LA VEZ

En el tecnificado mundo actual en que las interrupciones vienen de todas direcciones, muchos se jactan de desenvolverse de manera extraordinaria en lo que se conoce como *multitasking* o hacer varias tareas a la vez: "¡Vaya! Estoy entre los mejores *multitaskers*".

Sin embargo, todas las investigaciones indican lo mismo: sin importar quién seas, sólo puedes hacer una actividad a la vez. Por eso siempre he insistido en la importancia de enfocarse y dedicarse a una sola tarea en cada ocasión.

Imagina si tratas de leer y ver la televisión al mismo tiempo. Tu mente pasa a la pantalla y luego a la página del libro. Trata de hablar por teléfono y ver televisión al mismo tiempo. El cerebro humano está estructurado para hacer mil cosas de manera consecutiva, pero sólo una a la vez.

Lo que la gente llama *multitasking* en realidad es una alternancia en las tareas. Imagina que quieres disparar un rifle y acertar en un blanco, pero hay varios blancos de hecho. Sólo puedes hacer un disparo a la vez, así que es imposible acertarles a varios blancos. Tal vez puedas dispararles a muchos de manera consecutiva, pero de todas formas tienes que detenerte, apuntar, disparar, detenerte, moverte, apuntar, disparar. Quizá también puedas hacer esto rápido, pero siempre tienes que detenerte y recomenzar.

¿Cómo funcionan las cosas en la actualidad? Dejamos de hacer una tarea y contestamos un correo electrónico: la mayor interrupción de todas. Bueno, no, la mayor interrupción es la gente. Quienes más desperdician tiempo en los entornos laborales son quienes no valoran su tiempo y siempre vienen a verte con ganas de platicar contigo. Quieren romper la monotonía porque, después de todo, estar en el trabajo es como estar en el recreo. Sienten que han trabajado demasiado. Tal vez hicieron algo durante algunos minutos y ahora es tiempo de jugar: es momento de arruinar tu carrera.

La gente más dañina a tu vida profesional es aquella que no valora tu tiempo, quienes desperdician las horas más que nadie. Vienen y te dicen: "Hola, ¿tienes un minuto?", "Acabo de ver este chiste en internet" o "¿Viste aquello en televisión anoche?"

No importa lo que sea, cualquier pretexto es una razón o una estrategia para hacerte desperdiciar tu tiempo. Tienes que aprender a decir *no.* Contesta: "Me encantaría hablar contigo ahora, pero en verdad estoy muy ocupado. Tengo que acabar esto".

Luego te pones a hacer tus tareas, pero sólo una a la vez porque debes tomar en cuenta el tiempo de transición. El tiempo de transición es lo que te toma dejar de hacer una tarea, pasar a la siguiente, y empezar a trabajar en ella hasta acabarla.

Yo escribo cuatro libros al año. El escritor profesional que trabaja de tiempo completo y entrega su vida entera a la escritura sólo escribe dos libros en tres años. ¿Cómo es que yo puedo escribir tantos?

Aprendí que si empiezas a trabajar en un libro, vas y haces algo más y luego regresas, tienes que revisar todo lo que has hecho hasta ese momento. Tienes que reorganizarte por completo. Te preguntas: "¿Qué había escrito? ¿Qué no he escrito aún? ¿En dónde estaba?", y tienes que encarrerarte de nuevo. Y sólo después puedes empezar a trabajar en el siguiente capítulo. Si te detienes, tienes que regresar y recordarte a ti mismo todo lo que has hecho hasta el momento antes de empezar otra vez. Por eso digo que regresar a una tarea y retomarla toma en promedio 17 minutos. A veces no son sólo 17 minutos. En ocasiones, una vez que interrumpes la tarea o tratas de aplicar tu capacidad de *multitasker* abandonas la primera tarea por el resto del día o la semana.

A veces redacto libros de ejercicios que mantendrían ocupado a un salón completo de hombres de negocios durante dos días si tuvieran que escribirlos ellos. A mí me toma uno o dos días escribirlos solo. Me enfoco, apago todas las notificaciones y trabajo sin parar. Tal vez revise el correo electrónico una o dos veces al día, pero no hago otras tareas, sólo me enfoco, me concentro. Trabajo sin parar, y gracias a ello logro hacer más en menos tiempo.

Esta manera de abordar tus tareas te permitirá hacer un mejor trabajo cada vez. Te hará sentir feliz, más en control de tu vida y tus actividades. Realizarás más en menos tiempo y tu trabajo tendrá una calidad superior a la que podrías imaginar ahora. Sin embargo, necesitas dejar de pensar en hacer varias tareas a la vez porque el *multitasking* no existe, es una fantasía: los seres humanos no pueden trabajar en más de una labor al mismo tiempo.

Es cierto que puedes conducir un automóvil y escuchar las noticias en la radio porque para estas dos tareas utilizas dos vías de distinto orden sensorial para la internalización de información. Puedes conducir el auto porque eso requiere vías físicas y puedes escuchar las noticias porque es una actividad mental. También puedes pensar en tu esposa o tu familia porque es otro tipo de tarea, una relacionada con la emoción. Puedes hacer cosas que requieran distintas partes de tu cerebro, pero no puedes hacer diferentes tipos de trabajo al mismo tiempo, sólo puedes llevar a cabo uno.

Si haces una sola tarea, si empiezas por la más importante, si eres sumamente organizado, si empiezas a trabajar usando una lista de pendientes, y si te mantienes enfocado en la tarea hasta completarla, lograrás 10 veces más que la persona promedio. Con el tiempo, también te pagarán 10 veces más. Serás tan productivo que la gente querrá pagarte más.

Como lo mencioné anteriormente, cuando aquel jefe importante vendió su empresa, otro jefe de alto nivel me ofreció el triple de lo que había estado ganando. Más adelante tuvimos una conversación.

—¿Por qué decidió contratarme? —le pregunté.

—Porque en la ciudad tiene la reputación de una persona capaz de realizar una enorme cantidad de trabajo. Mi empresa está involucrada en muchos proyectos. Hay personas distintas trabajando en ellos, pero nunca se concreta nada. Sabía que si lo contrataba a usted todos estos proyectos se realizarían.

Lo primero que hice fue llevar a cabo un análisis de la empresa y despedir a la mitad de la gente porque eran personas que hacían varias tareas a la vez, platicaban con sus amigos, cotorreaban por teléfono y siempre querían salir a almorzar. Se pusieron furiosos conmigo. Hubo una tremenda tormenta, pero hice la limpieza y me deshice de todos los residuos, de toda la gente débil que desperdiciaba el tiempo. Y entonces transformé la empresa de pies a cabeza. Hubo un desarrollo de cientos de millones de dólares en propiedades, y una reposesión de fábricas y negocios subsidiarios, y todo gracias al enfoque en una tarea a la vez.

Permíteme hacer un resumen de los métodos que hemos analizado en este capítulo.

LOS 10 MEJORES MÉTODOS PARA LA PRODUCTIVIDAD	
1	Aplica la regla 80/20 en todo.
2	Usa el método A-B-C-D-E de manera continua.
3	Usa la regla de las tres.

4	Mejora tus habilidades clave.
5	Afianza tus talentos especiales.
6	Identifica tus limitaciones principales.
7	Libérate de las trampas tecnológicas temporales
8	Corta y fracciona la tarea.
9	Desarrolla la noción de urgencia.
10	Enfócate en una sola tarea a la vez.

Si tuviera que elegir uno de los métodos, yo diría: haz una lista. Sin una lista, estás nadando en el aire. Haz una lista y escribe cada uno de tus 10 objetivos principales, los primeros 10 que se te ocurran. Luego pregúntate: "Si los completara, ¿cuál de estos objetivos tendría el mayor impacto positivo en mi vida?" Enciérralo en un círculo y pregúntate de nuevo: "¿En qué actividad podría involucrarme en este momento para acercarme más a la consecución de este objetivo?", escribe la respuesta.

Luego actúa y trabaja en ese objetivo hasta completarlo. Esto te convertirá en una de las personas mejor pagadas, más exitosas y felices de tu industria.

CAPÍTULO SEIS

Cómo dejar de procrastinar

En este capítulo hablaré de uno de los mayores enemigos de la productividad: el gran flagelo de la procrastinación. Me refiero al arte de postergar todo en la Isla del Algundía.

La gente procrastina principalmente porque no tiene un sentido de la urgencia respecto a iniciar y terminar una tarea. Si caminas por la calle y escuchas que un automóvil toca el claxon, está tratando de frenar y se dirige hacia ti, te moverás de inmediato. En este caso no tienes que sentarte a pensar si vale la pena invertir tiempo en moverte ni aplicar la regla 80/20. Sólo darás un salto porque la urgencia será demasiada.

La gente tiene un bajo desempeño y fracasa porque no tiene objetivos. No ha escrito sus metas ni ha organizado o desglosado sus planes por medio de listas de pendientes. Por eso se pierden en una postergación invisible. Esa tarea la harán pronto, a mediodía, temprano por la tarde o después: "Lo haré antes de la cena. Me pondré al día este fin de semana".

El tiempo se prolonga y tú te formas el hábito de retrasar la tarea hasta que te urge acabarla porque, de lo contrario, perderás dinero o incluso tu empleo. En ese momento te ves obligado a actuar y, ¿qué sucede? Cometes errores costosos que jamás habrías cometido si hubieras tomado el tiempo necesario para pensar bien la tarea, organizarte y hacer todo con anticipación. La gente siempre dice: "Vaya, si tan sólo me hubiera dado tiempo para pensarlo no lo habría hecho de esa manera".

Para dejar de procrastinar basta con hacer las cosas de inmediato hasta que te acostumbres. Lo que necesitas es desarrollar el hábito de planear tu trabajo y tus horarios, y hacer lo más importante sin demora.

Hay una pregunta muy importante que le ha dado forma a mi vida: "Si supieras que no hay manera de fallar, ¿qué objetivo te fijarías?"

Para ejercitar el establecimiento de metas le pido a la gente que haga una lista de 10 y que luego se pregunte: "Si pudiera realizar una de estas metas en 24 horas, ¿cuál tendría el efecto más positivo en mi vida?" Averigua la respuesta y, sin importar cuál sea, escríbela y haz una lista de las cosas que podrías hacer para lograr ese objetivo. Luego organiza la lista pensando en lo que harías primero, lo que harías en segundo lugar, en tercero, etcétera.

Hay una anécdota muy conocida respecto a Charles M. Schwab, uno de los hombres más ricos de principios del siglo XX, quien, por cierto, no tiene relación alguna con el famoso inversionista Charles R. Schwab. Él era presidente de Bethlehem Steel. En 1918, con el objetivo de que sus ejecutivos se volvieran más productivos, invitó al famoso asesor Ivy Lee, gran pionero de la etapa temprana de las relaciones públicas.

Según cuenta la historia, cuando entró Lee, Schwab le pidió que le dijera de qué manera podría ser más productivo.

—Deme 15 minutos con sus ejecutivos —contestó Lee.

—¿Cuánto me costará eso?

—Nada. Si le agrada mi trabajo, en tres meses envíeme un cheque y págueme lo que usted considere que valió mi trabajo.

Éstos fueron los cinco consejos muy puntuales que les dio Ivy Lee a los ejecutivos:

1. Al final de cada día de trabajo escriban las tareas más importantes que necesiten realizar al día siguiente, pero no escriban más de seis.
2. Prioricen estas seis tareas dependiendo de su verdadera importancia.
3. Mañana, cuando lleguen a la oficina, concéntrense exclusivamente en la primera tarea y trabajen en ella hasta terminarla. Sólo entonces pasen a la siguiente.

4. Aborden el resto de las tareas de la lista de la misma manera. Al final del día pasen cualquier asunto que no hayan terminado a una nueva lista de seis tareas para el día siguiente.
5. Repitan este proceso todos los días laborables de la semana.

Tres meses después, Schwab le envió a Ivy Lee un cheque por 25 mil dólares: el equivalente a 473 mil dólares de 2019.

Ésta es la mejor manera de dejar de procrastinar: piensa e identifica con meticulosidad tu tarea más importante, la que te puede ayudar más, la actividad que va a establecer la velocidad en la que lograrás tu tarea más importante. Luego ten el rigor de comenzar con ella y no detenerte sino hasta que la hayas completado. Si puedes desarrollar disciplina y lograr que éste sea tu hábito laboral más importante, tendrás éxito y, muy probablemente, te volverás rico.

AFIRMACIONES

Siempre he sido un gran partidario de las afirmaciones porque tu inconsciente acepta cualquier frase que te digas a ti mismo y que creas. El maestro en esta área del que hablé anteriormente me dijo: "Las afirmaciones, es decir, las declaraciones que te haces a ti mismo, te dan un potencial ilimitado". Nunca olvidaré sus palabras.

La gran tragedia es que 80% de la gente (de nuevo aparece la regla 80/20) se habla a sí misma de manera negativa. Muchos se dicen: "Siempre llego tarde", "Nunca termino mis pendientes" o "Me gustaría tener más tiempo". Estas personas se subestiman y, al usar oraciones negativas, sabotean su futuro.

Yo he aprendido que es importante decirse a sí mismo las cosas que uno quiere que se vuelvan ciertas, como: "Siempre hago mi trabajo en el momento. Siempre termino mis tareas". Si cometes un error, si caes de vuelta en tu comportamiento habitual y no terminas una labor, entonces di: "Yo no soy este tipo de persona. Yo siempre termino mis tareas. La próxima vez lo haré mejor. La próxima vez terminaré a tiempo. La próxima vez comenzaré antes y trabajaré hasta completar la tarea".

Siempre usa las palabras mágicas "La próxima vez". Te ayudarán a eliminar cualquier riesgo de desarrollar comportamientos y hábitos negativos. Siempre habla contigo mismo de la manera que quieres que las circunstancias sean en el futuro. Cuando dices cosas como: "Me simpatizo; puedo hacer esto; creo en mí mismo; soy el/la mejor", tu inconsciente acepta la frase como si fuera una orden y organiza tus pensamientos, sentimientos y comportamientos para que sean congruentes con tus palabras.

COMIENZA POR LO MÁS DIFÍCIL

Ahora voy a hablar de las siete maneras de dejar de procrastinar. La primera consiste en empezar el día haciendo la tarea más desagradable. Anteriormente mencioné el libro *Tráguese ese sapo* (*Eat That Frog*), el cual se refiere a hacer la peor tarea primero. Mi amigo Robert Allen dice que hay que hacer lo más horrible al principio. Haz aquello en lo que las probabilidades de procrastinar sean más elevadas; también haz lo que provocará la diferencia más importante en tu vida si logras comenzarlo y terminarlo.

¿Cuál es esa tarea? Casi siempre es una de las grandes, de las desagradables y difíciles.

En Estados Unidos cerca de 65% de los adultos sueña con abrir un negocio propio algún día, sin embargo, sólo 1% lo hace. La gente no comienza su negocio porque no sabe cómo hacerlo. En Estados Unidos hay 30 millones de negocios, y una cantidad enorme de ellos los iniciaron personas que nunca habían hecho algo así.

En otras palabras, todo mundo tiene que aprender. Para echar a andar un negocio es necesario seguir una serie muy sencilla de pasos, lo sé porque incluso he escrito libros sobre este tema. Años después, la gente que los leyó ha regresado para decirme: "Encontré su libro en una librería. No traté de ser creativo, sólo seguí sus instrucciones paso por paso, capítulo por capítulo, y ahora tengo un negocio muy exitoso. Tengo más dinero del que nunca imaginé, soy rico. Soy feliz. Sólo tuve que seguir su plan de acción".

Por otra parte, 84% de los adultos sueñan con escribir un libro algún día. Es asombroso. Hace poco iba en un automóvil con una persona y le dije:

—¿Sabía que 84% de los adultos creen que tienen un libro en la cabeza, pero sólo 1% en verdad se sienta a escribirlo?

—Yo tengo un libro en la cabeza —me dijo la persona con quien viajaba—. Quiero escribir un libro algún día.

—Todos quieren escribir un libro algún día. ¿Por qué no lo hacen? Porque nunca empiezan.

Cuando yo quise escribir mi primer libro fui a una librería y compré una serie de textos sobre cómo escribir: cómo organizar tu tiempo, cómo organizar el tema, cómo exponer el material. Todos estos textos fueron escritos por escritores profesionales que, en algunos casos, habían tenido mucho éxito. También habían publicado muchos libros distintos en otras áreas.

Luego hice una lista en la que incluí todos los pasos a seguir, y empecé a escribir. Cuando terminé mi primer libro, el cual me tomó una cantidad de tiempo asombrosa, escribí el segundo y luego el tercero. Después descubrí algo tremendo acerca de la publicación y la venta de libros: los editores te brindarán un poco de apoyo promocional durante 90 días, pero después de eso se enfocan en el siguiente libro.

La mayoría de los editores publican cientos de libros al año bajo distintos sellos. Noventa días después, nadie te ayudará. Si vas a las estaciones de radio o a las librerías, te preguntarán.

—¿Cuándo salió el libro?

—En abril.

—Lo sentimos, ya es agosto, es demasiado tarde —te dirán.

Para ese momento ya nadie te entrevistará, nadie te invitará a hacer una presentación y firma del libro, nadie te ayudará en nada.

Por eso le expliqué a la persona con la que viajaba:

—Si un libro tiene éxito, arranca en 90 días. Si no, todos se olvidarán de él. Voy a invertir 5 mil dólares al mes en un agente de publicidad al que le pagaré para que me consiga entrevistas.

La única manera de lograr que un libro se mueva es a través de las entrevistas. Alguien dice que es un buen libro. Alguien tiene que presentárselo a la gente, contarle sobre el mismo y darle la noticia al público o entrevistarte para que tú mismo le hables a la gente sobre lo que escribiste.

Hacer una entrevista para promover un libro es todo un arte. Podrías dar una entrevista y no obtener ningún resultado, o podrías dar una gran entrevista y lograr que el libro se venda en todas las librerías de tu ciudad en menos de 24 horas. Todo depende de lo que digas. La mayoría de la gente no tiene idea de lo que estoy hablando porque nunca hicieron la tarea.

En fin, continué mi conversación con aquella persona con la que viajaba y le expliqué lo que me dije a mí mismo:

—"Voy a escribir un libro cada 90 días y me voy a esforzar muchísimo para darlo a conocer y que cobre vida propia. Me voy a esforzar mucho, y si no funciona escribiré un segundo libro." Muchos dijeron: "Es ridículo, no puedes hacer eso". Sin embargo, durante los mismos 90 días en que promoví mi libro más reciente, me organicé, reuní material y volví a seguir mi proceso para poder escribir otro libro. Luego sólo lo redacté. Fue un proceso automático.

He llegado a escribir y publicar cinco o seis libros en un año. Pero no creas que los imprimí en una fotocopiadora en mi cochera y que así los publiqué. Son libros publicados por los grupos editoriales más importantes del mundo. ¿Podrías tú también hacer algo así? Claro que sí.

Primero aprendes, organizas tu proyecto en pasos y luego sigues uno a la vez. Conforme adquieras experiencia darás cada paso con mayor rapidez y facilidad. Te volverás tan productivo que la gente dirá: "¿Pero qué fumas? ¿Qué bebes? ¿Qué comes para ser tan rápido? ¿Qué haces para ser tan productivo?"

La respuesta es: "Pienso e identifico mi tarea más importante. Luego me enfoco y trabajo en ella sin parar hasta completarla. Si haces lo mismo, serás más inteligente, más ágil y competente. También serás más feliz y rico".

CONSECUENCIAS NEGATIVAS

La segunda manera de dejar de procrastinar es pensar en las consecuencias negativas de no terminar una tarea.

Tienes que usar todos los trucos mentales que te sea posible para lanzarte de lleno a tu misión. Es lo más difícil para cualquier persona porque todos estamos muy ocupados y preocupados.

Una manera de lanzarte de lleno a la tarea es pensando: "¿Qué pasará si no hago esta tarea?"

Cuando tomas un curso universitario lo primero que te dicen es que 50% de la calificación dependerá del examen final, así que no esperes, no lo postergues, no procrastines. Empieza a reunir la información y a escribir porque tendrás que entregársela al profesor en tal fecha o, de lo contrario, reprobarás.

Los estudiantes dicen: "Sí, sí, sí, estamos de acuerdo". Pero ¿cuándo escriben los ensayos? La noche anterior. Es el "método de la cafetera" para escribir ensayos finales. Cuando estaba en la universidad tuve que escribir varios sobre distintos temas. Lo que hacía era sentarme en la mesa de la cocina la noche anterior a la fecha de entrega, quitar todo lo que no tuviera que ver con mi trabajo de escritura, encender la cafetera y beber café durante horas. Trabajaba toda la noche hasta terminar el ensayo, luego corría a la universidad y lo deslizaba por debajo de la puerta de la oficina del profesor para que él lo encontrara ahí a las 8:00 a.m. y no me reprobara.

En pocas palabras, motívate pensando en las cosas negativas que sucederían si no completaras la tarea. ¿Cuánto te costaría en términos económicos? ¿Qué impacto negativo tendría en tu ascenso o en tu carrera en general? A veces el miedo de pagar un alto costo te puede motivar a terminar lo que te propones.

PIENSA EN LOS BENEFICIOS

La tercera manera consiste en hacer lo contrario: piensa en la manera en que te beneficiarás si terminas tu misión o tarea. Velo del lado positivo. Di: "Si tuviera mucho éxito en este empleo, si terminara esta tarea y en verdad funcionara, ¿qué sucedería con mi carrera? ¿Cuál sería el principal beneficio del que podría disfrutar?"

Siempre he vivido de esta manera. Regresaré al ejemplo de la época en que trabajaba para aquel importante jefe, quien a veces me decía: "Necesito que lleves a cabo esta tarea". Y en cada ocasión yo me preguntaba cuál sería la desventaja de no hacerla. Podría perder mi empleo. Mi reputación se vería afectada porque la gente me reconocería como alguien que no cumple.

Éste es un inconveniente, ¿cuál sería el aspecto positivo? Si hago esto y lo hago bien, tendré más oportunidades, las tendré más pronto y me pagarán más. Es decir, si llevar esto a cabo le ayudará a mi carrera, no sólo lo haré: también lo haré de inmediato y a toda velocidad. Si a mi jefe le preguntaran qué es lo más importante que quiere que yo haga, ¿cuál sería la respuesta? En realidad no importa porque, sea lo que sea, lo haré y lo haré de inmediato.

RESERVA PERIODOS DE TRABAJO

La cuarta estrategia consiste en reservar periodos específicos de 15 minutos a lo largo del día para trabajar en tu proyecto.

¿Por qué elegí periodos de 15 minutos? Porque son breves y porque uno siempre tiene 15 minutos. Además es fácil motivarse a uno mismo para empezar. Una vez que des inicio, trabajarás esos 15 minutos. Puedes usar un temporizador o cronómetro. Cuando éste suene al terminar los 15 minutos, habrás terminado, es una carrera contra el tiempo. Te preguntarás: "¿Qué tanto puedo hacer en 15 minutos?" Es todo el tiempo que tengo ahora, luego puedo volver a otras tareas que no son tan útiles.

A menudo, una vez que hayas trabajado esos 15 minutos, te dirás: "Tal vez deba seguir 15 minutos más". Con frecuencia uno se anima, se emociona y desea continuar. Te urgirá seguir adelante porque vas a tener la agradable sensación de que tu autoestima y tu confianza en ti mismo aumentan. Cuando inicias una tarea y terminas una parte de la misma te sientes feliz y orgulloso.

Si continúas así, dentro de poco serás tu propio motivador y te mantendrás emocionado y animado todo el tiempo.

NO CAIGAS EN LA TENTACIÓN DEL PERFECCIONISMO

La quinta estrategia para dejar de procrastinar consiste en no caer en la tendencia del perfeccionismo.

Toda la gente es un poco perfeccionista, pero hay muchas personas que dicen: "Si no puedo hacerlo perfecto porque no tengo suficiente tiempo, entonces prefiero simplemente no hacerlo. Esperaré hasta tener la cantidad de horas que necesito".

En lo que se refiere a escribir libros, descubrí que lo que cuenta no es el proceso de escritura sino el de edición. Cualquiera puede escribir, en especial si tienes una grabadora porque puedes grabarte. Eso es lo que yo empecé a hacer: dictar mis ideas y registrarlas en un aparato profesional para que un estenógrafo las transcribiera.

Luego tomaba las transcripciones, revisaba palabra por palabra y limpiaba todo. Después repetía el proceso. Descubrí que lo más conveniente para mí era escribir y reescribir un libro cinco veces. Ni siquiera te preocupes por la primera vez, porque en ese momento sólo necesitas poner las cosas en papel. Ésta es la clave de una escritura exitosa y, de hecho, con frecuencia es la clave para terminar cualquier tarea compleja. Luego sólo vuelve a escribir todo una y otra vez.

Cuando escribes un libro sucede algo asombroso: al terminarlo, en verdad sientes la diferencia. Tienes una sensación de alivio y felicidad. Te puedes decir a ti mismo: "Terminé, no puedo hacer una versión mejor". Después de eso puedes enviarlo a la editorial.

Hay libros que tuve que reescribir hasta 10 veces porque no llegaba al punto en que me pareciera que estaba listo. He descubierto que la gente que compone música, diseña edificios o realiza todo tipo de tareas creativas llega a un momento en el que siente que ya no puede mejorar su trabajo: "Es lo máximo que puedo hacer". Y entonces puedes terminar. Inhalas profundamente y empiezas el siguiente proyecto.

A pesar de todo, siempre existe la tentación de postergar un plan hasta tener todo el conocimiento e información que crees necesitar. Pero si te aferras a ese nivel de perfección el momento de iniciar no llegará nunca.

Aquí hay otro uso de la regla 80/20: cuando tengas 80% del conocimiento y habilidades que necesitas, comienza. El 20% restante lo obtendrás a través del aprendizaje durante el proceso. Ésta es una gran sugerencia: no caigas en la tentación del perfeccionismo.

LA OBSESIÓN POR DAR CIERRE

La obsesión por dar cierre es esa manera de trabajar en la que piensas: *Voy a enfocarme en esto ahora, voy a acabar ahora. Terminaré este proyecto el fin de semana, a las 5:00 p.m. del domingo, y no haré nada más hasta no terminar.*

Luego te lanzas de lleno a la tarea. Continúa diciéndote: "Trabajaré ahora, terminaré pronto. Acabaré este proyecto de inmediato", y sigue forzándote. "Hazlo ahora. Hazlo ahora. Hazlo ahora." Anímate tú solo, sé tu propio porrista, y en lugar de pensar en las razones que tienes para no acabar la tarea, piensa: *En cuanto termine esto voy a salir a cenar o me voy a ir de vacaciones.* Es importante que te motives a ti mismo o a ti misma porque eres la única persona con quien cuentas.

En algunas empresas los empleados dicen que tienen muchos proyectos en el tintero que podrían alcanzar un nivel elevado de rentabilidad si pudieran realizarlos. Dicen cosas como: "¿Qué pasó con tal proyecto? Lo echamos a andar, lo planeamos y logramos que empezara a funcionar, pero por alguna razón nos desviamos".

Aquí hay otro factor muy importante: para que un proyecto se lleve a cabo debe haber una persona que se dedique de lleno y de manera exclusiva a él, alguien que esté a cargo de la misión y que será recompensado cuando el proyecto tenga éxito y llegue a su fin.

En el libro *In Search of Excellence: Lessons from America's Best-Run Companies* de Tom Peters, podemos leer que todas las empresas exitosas identifican a su campeón, a alguien que trabaja de manera exclusiva en un proyecto. En caso de no contar con una persona competente capaz de hacerse cargo de la tarea y de dedicarse a ella hasta completarla sin pensar en nada más, la empresa no inicia el proyecto, porque éste podría quedarse huérfano. Este proyecto huérfano empieza a rondar por la oficina. En las reuniones la gente habla de él y de lo útil que podría ser, pero nunca hubo un responsable. Con el tiempo, el proyecto huérfano encuentra una puerta abierta y desaparece porque nadie fue capaz de hacerse cargo de él.

Anteriormente mencioné la técnica de hacer tintinear un vaso: *tin, tin, tin*. ¿Quién le pondrá el cascabel al gato? ¿Quién será el responsable directo de las recompensas y el ascenso cuando se llegue al final de esta exitosa tarea? Si no tienes a alguien que diga: "Yo lo haré, yo deseo toda la responsabilidad", entonces ni siquiera trates echar a andar el proyecto pensando que los demás harán algo al respecto además de sus propias tareas.

Algo que puedes hacer para tener éxito en tu carrera es levantar siempre la mano. Siempre que se necesite hacer un trabajo levanta la mano y di: "Yo me haré cargo". Sólo dejarás de proponerte como voluntario para hacer más trabajo cuando tu jefe diga: "No, ya tienes demasiados proyectos a tu cargo, ya estás suficientemente ocupado. Te has ofrecido para hacer demasiado".

La persona que se ofrece como voluntario para llevar a cabo lo que se tiene que hacer en pos del éxito de la organización siempre llega a ser la más admirada y respetada de la empresa en poco tiempo.

Debido al factor de la oportunidad, la gente siempre busca la manera más rápida y sencilla de hacer las cosas. La mayoría de las personas nunca alza la mano, es decir, ese 80% que batalla toda su vida para ganar dinero. Son personas que miran en otra dirección y que se toman descansos para ir al baño. "No me miren a mí", dicen. En realidad están buscando maneras de evitar el trabajo. Tú tienes que ser exactamente lo contrario, necesitas encontrar la forma de hacer más proyectos.

Recuerda que el tiempo pasará de todas maneras. Los días, las semanas y los meses pasarán. La única pregunta es: ¿dónde estarás al final de ese periodo? ¿Estarás en el mismo lugar haciendo el mismo trabajo de principiante? ¿O estarás avanzando cada vez más rápido en tu carrera?

El tiempo pasará de todas maneras. Al final de tu vida laboral puedes ser rico o pobre, digamos que en gran medida es tu decisión. No es algo que decida tu jefe, la economía, los políticos o tu competencia. *Tú* eres quien decide cuánto ganar en el curso de tu vida. Si no estás feliz con tus ingresos actuales, sitúate frente al espejo más cercano, negocia con tu jefe y di: "Quiero ganar más".

Tu jefe te dirá: "Más te vale salir y hacerte de más responsabilidades. Sal, calienta un poco tu brazo y levanta la mano. Ofrécete a hacer cosas". Al mismo tiempo, aprovecha las noches y los fines de semana para mejorar tus habilidades. De esta manera, lo que te ofreciste a hacer lo podrás llevar a cabo a un mejor nivel cada vez.

Cuando comencé mi negocio hubo una mujer que trabajó para mí. La acababan de despedir de una empresa de préstamos y fideicomisos porque no les agradaba. Era muy joven, cuando llegó a mi negocio tenía 21 años y su autoestima no era muy sólida. En ese entonces pude ofrecerle un salario de 1 200 dólares al año, una cantidad genial para una secretaria polivalente.

El trabajo comenzó. La empresa empezó a volverse más exitosa y yo noté que la secretaria era cada vez más productiva. Un mes después de haberla contratado vino a verme a mi oficina.

—¿Sabe?, nadie se está haciendo cargo de la contabilidad —me dijo.

—En realidad no había pensado en ello —admití.

—Mire, si usted está de acuerdo, me haré cargo de la contabilidad y las finanzas, y también les pagaré a los proveedores.

—Por supuesto —dije.

Tiempo después, la joven ya había tomado un curso de contabilidad en un centro de educación comunitario y había puesto al día todos nuestros libros contables. Yo ya no tenía esa responsabilidad encima. Luego encontró la manera de tener acceso a una computadora nueva e instaló programas que le permitirían mecanografiar y procesar más cartas, redactar más comunicados y diseñar anuncios. Y continuó trabajando.

La joven secretaria llevaba seis meses trabajando en la empresa y seguía ganando los mismos 1 200 dólares cuando volvió a mi oficina para hablar conmigo.

—Me gustaría hablar con usted respecto a un aumento de sueldo.

—Por supuesto —le dije—. Está usted realizando un excelente trabajo, ya había pensado en ofrecerle 100 dólares más al mes, ¿qué le parece?

—Muchas gracias —dijo—, pero he estado viendo en el mercado laboral los anuncios en busca de gente que tenga las habilidades con las que realizo las tareas que hago para esta empresa, y creo que mi trabajo está más bien cerca de los 2 mil dólares al mes. Ésa es la cantidad en la que me gustaría que usted pensara para aumentar mi salario.

Casi me da un ataque al corazón. La joven trabajaba por 1 200 dólares al mes y ahora quería 2 mil. Sin embargo, me di cuenta de que tenía toda la razón, que se había vuelto indispensable. De hecho, estaba realizando el trabajo de dos o tres personas, y estaba creciendo a la par de mi empresa.

Así que, siendo tan astuto como soy, negocié con ella y aceptó un pago de 1 800 dólares mensuales. Pasó de ganar 1 200 a recibir 1 800 dólares al mes, es un incremento de 600 dólares, es decir, un aumento de 50% en seis meses.

—Muchas gracias —me dijo, y regresó a sus labores.

Gracias a Dios pude negociar y pagarle 1 800, me dije. Esta jovencita de 21 años acababa de convencerme de aumentar su sueldo en 50% después de sólo seis meses de trabajo, y todo porque logró volverse más eficaz y hacer más de las cosas que yo necesitaba. Otro punto que abordó durante nuestra entrevista fue:

—Si usted tratara de contratar a alguien más con mi perfil, tendría que pagarle más de 2 mil dólares mensuales porque lo que yo poseo es irremplazable y ahora su empresa no puede crecer sin mis habilidades.

Comprendí que tenía razón. Estaba bien preparada y era organizada, pero también había aumentado sus habilidades y llevaba bastante tiempo trabajando para mí. Le aumenté el salario a 3 mil dólares y luego a 4 mil dólares al mes. Para cuando cumplió 25 años ganaba más que sus padres a los 45 y 55. Finalmente dejó la empresa porque ella y su esposo se mudaron a una ciudad diferente.

Piensa en todo esto, busca maneras. ¿Cómo me puedo volver más valioso? Luego hazlo, y hazlo de inmediato. No dejes de trabajar.

MANTÉN UN *TEMPO* RÁPIDO

La séptima estrategia para dejar de procrastinar consiste en mantener un *tempo* rápido. Ya mencioné la noción de urgencia, pero esto más bien tiene que ver con mantener tu paso a cierto nivel de manera consistente.

Todos somos seres de hábitos, y por esta razón nos resulta fácil sentirnos cómodos con un ritmo lento de trabajo. Sin embargo, la gente exitosa se mueve con rapidez. Tienen una idea: hacen una llamada. Tienen otra idea y de inmediato se lanzan a internet.

En la actualidad, toda la información que necesitas está disponible en tu iPhone en cuestión de segundos. Puedes ir a ver una película y conocer todo al respecto: la trama, los actores, los guionistas, el pasado, el futuro, las ganancias. Es asombroso cuánto puedes averiguar y la rapidez con que tienes acceso a la información. Luego puedes actuar y hacerlo en instantes.

Tener un *tempo* rápido significa ir a trabajar y entregarte a tus labores de inmediato. Sube las escaleras de dos en dos escalones, y cuando camines ve más rápido. Cuando llegues a la oficina ponte a trabajar de inmediato y hazlo a toda velocidad. Trabaja todo el tiempo que trabajes, todo el tiempo que estés en la oficina.

Si sólo trabajas rápido y de manera concentrada, puedes lograr lo doble en el día sin tener que estresarte. En lugar de tomarte dos horas para almorzar, sólo toma 20 minutos y regresa a tu escritorio. No dejes de repetir estas palabras: "Regresa al trabajo. Regresa al trabajo".

Muévete con mayor rapidez, con más inteligencia; aprende nuevas habilidades que te permitan hacer más en el mismo lapso.

VIVE DE MANERA CONSCIENTE

Hay un tipo de procrastinación positiva en la que creo. Se llama *procrastinación creativa.*

Durante muchos años, un caballero llamado Nathaniel Branden, uno de los más grandes pensadores y filósofos estadounidenses del último siglo, fue amigo mío. En ese tiempo pude leer muchos de los libros que escribió sobre diversos temas, incluyendo la autoestima. Para él, la autoestima era el factor esencial de las relaciones humanas. En una ocasión lo entrevistaron.

—Después de toda una vida de reflexionar sobre este tema, si pudiera darles un consejo a los jóvenes, ¿cuál sería? —le preguntaron.

—Que vivan de manera consciente —dijo—. Vivan con conciencia.

La mayoría de la gente vive sin reflexionar. Responden, piensan y viven su vida de manera automática. Manejan de su casa a la oficina sin recordar ni un segundo del trayecto porque sus mentes van apagadas o navegando sin rumbo.

La procrastinación forma parte de vivir de manera inconsciente, es algo de lo que ni siquiera te das cuenta. Nadie dice: "Muy bien, voy a procrastinar ahora durante un buen rato, a postergar estas tareas específicas". Es algo que hacemos por inercia.

En cambio, vivir de manera creativa y procrastinar, también de manera creativa, implica pensar de forma deliberada lo que vas a hacer. No permitas que las cosas sucedan por accidente porque los sucesos accidentales suelen convertirse en factores que cambian tu vida por completo.

Mejor piensa bien las cosas y decide, de manera creativa, que no realizarás en ese momento una actividad en particular. "Tal vez la haga, o no, más tarde, pero definitivamente no ahora. No es algo en lo que valga la pena invertir mi tiempo, no es lo más valioso en que podría enfocarme. Es una buena idea, pero no en este momento."

Debes ser muy claro y tomar una decisión deliberada: "De manera consciente decido no realizar esta actividad porque no vale la pena, porque me aleja de las cosas que pueden significar una verdadera diferencia en mi vida y en mi trabajo".

Si no procrastinas de forma consciente y creativa, es decir, si no decides deliberadamente lo que *no* harás en un momento específico, sólo procrastinarás de manera automática y sin pensar respecto a las tareas más importantes que podrías realizar.

Sé muy claro y consciente. Debes ser la persona más exitosa posible, y esto implica iniciar y terminar tus tareas más importantes sin invertir tiempo en las que no contribuyan a los proyectos que deseas realizar.

CAPÍTULO SIETE

El profesional productivo

Una de mis labores en los negocios es ayudarles a las empresas a desarrollar planes estratégicos. La empresa más grande para la que he trabajado tenía un valor de 140 mil millones de dólares y 22 mil empleados. Pude ayudarles a organizar toda la empresa para que fuera mucho más rentable y para que creciera más rápido.

Una de las preguntas que debes hacerte es: "¿Quién es mi cliente?" Si la respuesta es: "La persona que compra mi producto o servicio", te equivocas. En realidad es algo que va más allá. Tu cliente es cualquiera que dependa de ti y de lo que haces en tu trabajo. Por supuesto, esto también es aplicable en el hogar. Los miembros de tu familia también son tus clientes porque dependen de ti y de lo que haces.

TU CLIENTE MÁS IMPORTANTE

Tu jefe también es tu cliente, y por lo tanto, es necesario que lo satisfagas tanto, o incluso más, como a las otras personas a las que les sirves. Que tu jefe se sienta satisfecho es una de las cosas más esenciales que puedes hacer para ser el mejor en tu trabajo. De hecho, tu jefe es tu cliente más importante.

Ya hablé respecto a hacer listas, pero voy a presentarte otra versión de esta estrategia. Haz una lista de todas las actividades para las que sientes que fuiste contratado. Llévale esta lista a tu jefe y pídele que organice las tareas por prioridades. "Si sólo pudiera hacer una cosa de la lista, ¿cuál elegiría? ¿Cuál le parece que es la tarea más importante que realizo? ¿Cuál sería la segunda tarea más importante? ¿Y la tercera?"

Tu labor fundamental en la oficina es enfocarte en la lista de prioridades de tu jefe. Nada lo hará más feliz, nada logrará que te paguen más y que te asciendan con mayor rapidez que siempre trabajar en lo que a tu jefe le parece esencial. Debido a los cambios en la economía, la competencia y el mercado, estas prioridades podrían mutar muy rápido. Tal vez tu jefe te dé una respuesta el lunes, pero lo que necesitará que hagas bien y rápido el martes podría ser algo muy distinto.

Mantente en contacto con tu jefe o jefa de manera constante. En lugar de tener conversaciones que van por todos lados, dile: "Ésta es mi lista, por favor organícela por prioridades. Si sólo pudiera hacer tres cosas hoy, ¿qué le gustaría que acabara antes de que volviéramos a hablar?"

Continúa regresando a la lista. Si tu jefe se da cuenta de que trabajas en lo que más le interesa a él o ella, estará feliz y te ayudará cada vez más. Te dará acceso a más entrenamiento para que puedas hacer más tareas de la lista.

Por supuesto, la persona que compra tu producto o servicio en el mercado también es un cliente muy importante porque su satisfacción determina el futuro de tu empresa y porque tu contribución a su satisfacción determina *tu* futuro. Por esto es fundamental que continúes pensando en el porvenir, en cuál es la contribución más importante que puedes hacer, a quien va dirigida esta misma.

LA JERARQUÍA

¿La gente debería perder tanto tiempo preocupándose por si su jefe está al tanto de sus resultados? Cuando la gente sólo actúa porque sabe que el jefe notará esa labor, se vuelven evidentes muchas de las políticas de una oficina. Si la tarea consiste en ayudar a los compañeros de trabajo, tal vez la ignoren porque creen que es algo que el jefe no nota. Por eso se dan esas situaciones en las que alguien le agrada a su superior, pero no al resto de los empleados, porque éstos no sienten que sea alguien que ayude a otros o sea útil.

¿Deberían preocuparte las políticas de la oficina o deberías enfocarte en añadir valor sin pensar en la visibilidad de lo que haces?

Un gran filósofo dijo que la primera ley de la actividad humana era la jerarquía. Con esto se refiere al orden que tiene la gente en la sociedad, en sus negocios y en el club del que forma parte. La Iglesia católica tiene ocho niveles en su jerarquía. El Papa está en la cima, luego siguen los cardenales, los arzobispos, etcétera. Y así hasta llegar a las parroquias.

Toda la gente que trabaja en una jerarquía sabe dónde se encuentra, quién está sobre ella y quién está debajo. La ambición de cada persona se puede medir de acuerdo con el nivel al que quiere ascender en la jerarquía. Muchos quieren escalar más y más porque, entre más alto lleguen, más recompensas, respeto y dinero tendrán. Por eso debes preguntarte en qué lugar de la jerarquía te encuentras y cuál es tu objetivo.

Ahora bien, el papel de una empresa o negocio privado consiste en generar un producto o servicio que enriquezca la vida o el trabajo de un cliente, y en hacerlo mejor que sus competidores. Luego debe vender la mayor cantidad posible de ese producto o servicio, y obtener una ganancia. Como ya lo vimos, las ganancias son el costo del mañana. Si no hay ganancias, no hay futuro.

¿Cómo asciende una persona para convertirse en tu jefe? Se vuelve mejor que otras personas en el aspecto de lograr los objetivos, generar el producto o servicio, vender y promoverse en un mercado competitivo, y en traer a casa recompensas y premios.

Tu tarea consiste en complacer a tu jefe. En una ocasión, en un seminario, una mujer se acercó a mí.

—Quisiera señalar una excepción en lo que acaba de decir —exclamó—: mi trabajo no es complacer a mi jefe. Mi trabajo es realizar mis labores y llevarme bien con mis compañeros, pero no complacer al jefe. Si él quiere que lo complazca, ése es problema suyo.

—Qué tragedia —dije—, ¿su trabajo no es complacer a su jefe? ¿Entonces para qué trabaja? ¿Para qué la contrataron? ¿Por qué le dieron esta responsabilidad? En las jerarquías la gente contrata a otras personas que estarán en un nivel inferior, pero que les ayudarán a realizar su trabajo. Su tarea consiste en ayudarle a la gente que está encima de usted a hacer bien las cosas.

Yo siempre me he enfocado en servirle a mi jefe. Si él o ella necesitan algo y lo necesitan ahora, o si quieren esto para mañana, mi tarea es cumplirlo. Si hago eso bien, conseguiré un excelente empleo, un salario elevado y un ascenso. Así que recuerda: tu empleo consiste en complacer a tu jefe.

La gente dice: "Mi trabajo implica llevarme bien con mis compañeros". No, no es así, a menos de que llevarte bien con tus compañeros sea esencial para realizar tus tareas y para cuidar las necesidades más importantes de tu jefe. Debes tener claridad en lo que haces; hay mucha gente que nunca ha trabajado en una empresa y anda diciendo disparates por ahí. Dicen que tu trabajo consiste en tener una buena relación con tus compañeros, estar contento en la oficina y pensar en tu propia felicidad antes que nada.

Pero no es así. Tu trabajo consiste en hacer una contribución que tenga mucho más valor de lo que a la empresa le cuesta mantenerte en la nómina. Lo maravilloso de todo esto es que eres tu propio jefe, así que si quieres hablar con tu superior, sólo necesitas acercarte al espejo más cercano y discutir con él acerca de tu empleo. Esa persona te dirá lo que necesitas hacer. Y en cuanto a la persona que te contrató, lo importante es que te digas a ti mismo: "Quiero contribuir de manera importante".

Al trabajar con mi jefe, siempre he sido muy claro. Le digo: "¿Qué puedo hacer para ayudarle a realizar mejor su trabajo? ¿Qué es lo más importante que puedo hacer? Esto es en lo que estoy trabajando". Claridad, claridad, claridad.

Mucha gente piensa: "Mi empleo no consiste en complacer a mi jefe, sino en hacer mi trabajo". Hacen sus labores y creen que las hacen bien, pero el jefe ni siquiera está al tanto porque también piensan: "No es necesario que le diga a mi jefe en qué estoy trabajando. Es a él, o a ella, a quien le corresponde averiguarlo por su propia cuenta".

Pero no es así. Tu trabajo consiste en hacer bien tus labores, *pero también* en mostrarle a tu jefe lo que has hecho bien y en la diferencia que tu labor produce.

No se trata de jugar a la política, sino de ser totalmente claro respecto a lo que más le importa a tu superior. No se trata de avanzar por la vía equivocada y empezar a trabajar en algo que a tu jefe no le interesa en absoluto. De hecho, más de un asesor de administración ha dicho que el tiempo peor usado es el que se emplea para hacer muy bien algo que no necesitaba hacerse para nada. A esto se le llama *ley de la alternativa excluida*. El tiempo peor usado es en el que te esfuerzas mucho en hacer algo que no necesita hacerse o, al menos, no por el momento.

Asegúrate de trabajar en lo que tenga que hacerse de inmediato y que sea importante para tu jefe. Tu trabajo consiste en hacerlo feliz porque ésta es la manera en que te pagarán más y te darán un ascenso más pronto. Tu jefe notará tu desempeño y se dirá: "No quiero que se vaya esta persona de la empresa. Es valiosa para mí. Cualquier cosa que le pida que haga, la hace rápido. Sola hace más trabajo que dos o tres personas juntas".

Recuerda que la regla 80/20 también es aplicable en la empresa: 20% del personal realiza 80% del trabajo, y 20% del personal hace todo el dinero, Éste 20% es al que le dan boletos para ir a las Bahamas con su cónyuge el fin de semana. Éste 20% es al que de manera continua le pagan más, le dan automóviles, oficinas más grandes y personal a su cargo. Ésta es la persona que quieres ser, pero es algo que no puedes lograr por accidente, sino de manera deliberada, enfocándote en ello: "Quiero ser más. Voy a ser más valioso cada día".

TIEMPO PARA DISCUTIR Y ESFUERZO

Las empresas suelen hacer bastante énfasis en la visibilidad: ser visto en la oficina temprano y tarde, y hacer esfuerzos evidentes. ¿En verdad es algo importante o sólo se trata de los resultados? ¿Qué tan importante es el tiempo que te reúnes con tu jefe?

Sé que en muchos casos el jefe evalúa a su personal con base en el número de horas que pasan en la oficina. Llega a trabajar y cuenta a la gente. ¿Cuántos empleados hay? Tal vez el día laboral comienza a las 8:00 a.m., y por eso él llega a las 7:00 a.m. y mira alrededor para ver cuántos llegaron temprano. Luego esperará hasta el final del día para ver cuántos se van.

He visto empresas en las que todos se quedan hasta que el jefe se va a casa. Tal vez no estén haciendo nada, quizá sólo se quedan por ahí matando el tiempo en el correo electrónico. Tal vez sólo platican entre ellos y esperan hasta que el jefe se va.

Napoleon Hill contaba una historia maravillosa sobre un joven que obtuvo un empleo en una empresa muy grande. En verdad quería triunfar, trabajaba en una oficina abierta donde había muchos escritorios y el suyo era sólo uno entre todos.

El joven notó que su jefe siempre llegaba a la oficina alrededor de las 7:30 a.m. y se iba como a las 6:00 o 6:30 p.m. Él llegaba antes, a las 7:00 a.m., así que, cuando su jefe entraba, siempre estaba listo, trabajando. Y como se iba a casa a las 6:30 p.m., cuando el jefe salía él continuaba en su escritorio. Era el primero en llegar y el último en irse todos los días.

Un día, después de haber ignorado al joven por bastante tiempo, el jefe se acercó y le dijo:

—Veo que usted siempre está aquí en la mañana cuando llego y en la tarde cuando me voy. ¿De qué se trata? ¿Por qué lo hace?

—Sólo quería asegurarme de estar disponible en caso de que usted necesitara que yo hiciera algo.

—Ah, ya veo. Es una filosofía interesante, gracias —dijo el jefe y se fue a casa.

Algunos días después llegó a las 6:00 a.m. y le dijo al joven:

—Necesito que haga esto, es importante. Acaba de llegar hace unos minutos. ¿Cree que pueda intercalarlo en sus horarios?

—Por supuesto —contestó el joven. Tomó el proyecto y se puso a trabajar en él. Para el día siguiente ya lo había terminado, así que lo entregó.

—Muchas gracias —dijo el jefe—, aprecio su labor.

El jefe hizo una ligera crítica del trabajo del joven y le mostró las áreas en que podía mejorar.

Un par de días después, alrededor del mediodía, el jefe lo llamó de nuevo y dijo:

—Volvió a surgir algo. ¿Podría hacerse cargo de ello?

Poco después el jefe llamaba al joven todos los días, luego unas dos o tres veces al día. De pronto el joven ya estaba trabajando sin parar en los proyectos más importantes del jefe. Lo ascendieron y lo pasaron a un escritorio más grande y más cerca de la oficina principal. Luego tuvo su propia oficina. Para cuando cumplió 35 años ya era vicepresidente de una empresa internacional. Era un hombre respetado y admirado que les simpatizaba a todas las personas para las que trabajaba. Y todo gracias a que desde el principio de su carrera se enfocó en ayudar a su jefe, quienquiera que éste fuera.

No permitas que nadie te convenza de que no estás aquí para complacer o ayudar a tu jefe o jefa. De hecho, ésta es la única razón por la que tienes ese empleo. Si no te agrada el hecho de que tu jefe quiera que hagas ciertas tareas o no, mejor busca otro.

Ofrécete a trabajar para tu jefe, y cuando hayas terminado con lo que te encargó ve a verlo y dile: "Terminé todo lo que me dio. Por favor asígneme más proyectos".

A mí me encanta trabajar. Si no es tu caso, tienes que pensar con mayor detenimiento lo que estás haciendo porque a la mayoría de la gente no le agrada y busca cualquier excusa para evitarlo. Muchos mantienen la cabeza agachada para que el jefe no los elija para los proyectos.

Cuando iba a ver a mi jefe y le decía: "Quiero más trabajo", me ignoraba. Incluso llegó un momento en que terminé todo lo que tenía que hacer y empecé a pensar en renunciar porque quería más desafíos. Finalmente el jefe cedió y empezó a darme un proyecto tras otro, como si estuviera repartiendo cartas de póker en una mesa de juego.

A partir de ese momento mi vida se volvió maravillosa. Empecé a dirigir tres divisiones de la empresa y a generar millones de dólares en ventas e ingresos. Me contrataron en otro lugar y me ascendieron de puesto. Luego empecé a enseñarles a ejecutivos de otras empresas lo que había aprendido. Me contrataron para trabajar en esas empresas y enseñé planeamiento estratégico.

Asegúrate de amar tu trabajo. Recuerda que, como dijo Napoleon Hill, si amas lo que haces, no volverás a trabajar en la vida. Al principio de tu carrera es necesario que encuentres una actividad que adores hacer. Encuentra algo que te motive para que, si te quedas a trabajar hasta tarde, sientas alegría. Este tipo de empleo te hace sentir urgencia de trabajar, por eso luego tienes que encontrar la manera de equilibrarlo con tu familia y tus relaciones.

Tengo muchos amigos que se desenvuelven en el nivel más elevado de su ámbito laboral y adoran trabajar. Llegan temprano, trabajan con ahínco, adoran seguir trabajando los fines de semana, y también son las personas mejor pagadas de nuestra sociedad. Hacen cantidades enormes de dinero, pero adoran su empleo. De hecho, a veces bromeamos entre nosotros y decimos que deberíamos disciplinarnos para *no* trabajar. Nos gusta tanto que tenemos que limitarnos. Para nosotros es una actividad gozosa.

Si llegas a un punto en que tu trabajo te dé alegría, tendrás una vida increíble. Te sentirás feliz todo el tiempo y serás una de las personas mejor pagadas de tu área. Crecerás sin cesar y siempre estarás buscando la manera de trabajar más y de hacerlo de una manera más eficiente.

Cuando empecé a ascender en distintas organizaciones y ramos —no te sorprendas, ¡es la ley de la atracción!— me sentí atraído hacia la gente más relevante en cada industria, pero también atraje a esa gente a mí. Primero fue a un nivel local, luego estatal, después nacional y por último internacional. En todo el mundo tengo amigos que han hecho hasta lo imposible por conocerme en persona debido a que han escuchado hablar de la excelente labor que realicé en el campo en que ellos trabajan. Todos quieren conocer a las personas que se desempeñan bien en el área que les interesa.

Una cosa más: al final de nuestra primera conversación, las personas más relevantes que he conocido me han preguntado: "¿Hay algo que pueda hacer por usted? ¿Le puedo ayudar en algo?"

Esto lo escucho por lo menos una vez a la semana, me lo dice gente que se pone en contacto conmigo para preguntarme: "¿Cómo puedo ayudarle? ¿Le puedo ayudar de alguna manera?" Son personas que saben poco sobre mi vida personal o mi negocio, pero el hecho es que les interesa auxiliar a alguien que se dirige a algún lugar con su vida.

Por otra parte, siempre debes buscar la manera de hacer más que aquello por lo que te pagan. Busca formas de dar más de lo que recibes y de ayudar a la gente a ser más exitosa. Es algo que he hecho durante décadas y siempre me ha retribuido cinco, 10, 50 y hasta 100 veces más de lo que doy.

Hace poco estuve en un seminario en Dallas. Otro de los oradores, un ejecutivo conocido en todo el país, subió al escenario.

—Antes de comenzar quiero presentarles a este hombre porque ha tenido una profunda influencia en mi vida —exclamó señalándome—. Me dijo algo que yo no había escuchado antes y que cambió mi vida para siempre. Me dijo que leyera entre dos y tres horas al día, que mejorara mis habilidades de manera continua. Que me volviera cada vez más competente en lo que hacía. Antes yo trabajaba con ahínco, pero no había considerado la importancia de ir mejorando mis habilidades. Por eso empecé a leer entre dos y tres horas al día libros sobre mi campo de trabajo.

"Lo escuché decir esto en un importante seminario. Yo tenía 18 años y mi principal objetivo en ese tiempo era convertirme en millonario. Venía de una familia de militares. Mi madre había muerto. Mi padre era sargento y me trataba de una manera muy estricta. Asistí a una escuela ordinaria y obtuve calificaciones promedio. Luego alguien me invitó al seminario, compró mi boleto y me llevó."

Aquel hombre hablaba de un seminario en el que le recomendé a la gente que trabajara, aprendiera, estudiara, y aumentara y mejorara sus habilidades.

—Para cuando cumplí 25 años —continuó el hombre— ya era millonario. A los 30 había duplicado y triplicado mi fortuna. Ahora tengo 35 años y poseo más dinero del que podré gastar el resto de mi vida, y todo gracias a lo que este señor me dijo entonces.

TELETRABAJO Y AUTODISCIPLINA

Permíteme hablar de un tema que es muy relevante en la economía que vivimos en la actualidad: el teletrabajo o trabajo desde casa.

¿Trabajar desde casa puede ser una opción productiva? Si a alguien se le da la opción de trabajar en una oficina o desde su hogar, ¿qué es más productivo para quienes desean ascender en su vida profesional?

Para responder a esto volveré a nuestro tema favorito: la disciplina. Como Napoleon Hill dijo: "La disciplina es la clave de la riqueza". Con ella todo es posible, sin ella, nada es posible.

Entonces, ¿cuál es el problema de trabajar desde casa? La falta de disciplina. Porque la gente no es productiva cuando está en ese entorno. Lo más común es que los empleados trabajen un poco, coman algo, vean televisión un rato, tal vez lean el periódico, etcétera.

En lo personal, actualmente llevo a cabo una gran cantidad de trabajo desde casa. He escrito más de 80 libros desde mi hogar, sentado en el mismo escritorio, con la misma computadora y con el mismo equipo de impresión. Me siento, me organizo y empiezo a escribir. Soy muy capaz de trabajar por mi cuenta.

Tengo dos o tres empleados que también trabajan desde casa, pero todos son disciplinados en extremo. Realizan su labor de una manera estupenda y con gran rapidez, incluso si trabajan desde el extranjero. Se mantienen en contacto por internet y están al día con sus labores: siempre terminan a tiempo. Su trabajo es excelente.

Estas personas pueden trabajar en casa todo el día porque son disciplinadas, organizadas y muy productivas.

Los seres humanos han trabajado en oficinas durante décadas, o tal vez incluso durante un par de siglos, porque antes todos los trabajadores dependían los unos de los otros. Cada persona realizaba una labor y se la entregaba a la siguiente, y así de manera sucesiva. Se pasaba mucho tiempo en reuniones en las que se repartían las tareas, se discutía, se analizaban los proyectos, etcétera. Hoy en día, gracias a las computadoras podemos tener contacto directo a través de Skype, Zoom y otras tecnologías similares. Podemos comunicarnos con una persona o con un grupo entero.

Actualmente doy seminarios para entre 150 y 200 personas en todo el mundo. Los hago cuatro veces al mes durante una hora en Zoom. La gente se inscribe en el programa de entrenamiento, y nosotros le enviamos información sobre lo que hablaremos y sus tareas. Luego nos ponemos a su disposición para responder las preguntas que tengan. Les enviamos libros y CD para que los escuchen.

Entre dos y cuatro veces al mes me reúno con cientos de personas en todo el mundo y hablamos cara a cara. Hago preguntas y respondo las de los participantes. No necesitamos estar en la misma sala, podemos compartir la pantalla y estar juntos.

Con la tecnología de Zoom, una *startup* de alta tecnología en pleno crecimiento, puedes ver las fotografías de todas las personas que participan en la llamada. Puedes hablar con todas, ellas se pueden comunicar entre sí, y también es posible hacer preguntas o responderlas. Es como estar en una gran sala llena de gente.

En realidad sólo necesitas ir a la oficina cuando la interacción en persona es imprescindible para hacer el trabajo bien y de la manera correcta. Esto sucede en particular cuando se trata de una situación nueva: un nuevo empleo, empresa, negocio, tecnología, ventas o *marketing*. Todas éstas son situaciones en las que aprendes mucho a una gran velocidad, y por eso es importante que te reúnas con la gente en persona y compartas tus experiencias. Si no lo haces, el proceso para alcanzar el mismo nivel de resultados o para desarrollar habilidades podría ser cinco, 10 o 20 veces más prolongado.

Siempre pregunta: "¿Puedo hacer todo esto en casa o necesito estar en la misma sala hablando con la gente?" Mis mejores amigos en la empresa hacen ambas cosas. Trabajan durante muchas horas en casa, luego pasan muchas horas en la oficina también, y se aseguran de que cada minuto cuente.

Planea todas tus reuniones de tal forma que si una inicia a las 11:00 a.m., todos estén sentados y listos para empezar tres minutos antes. La reunión termina a las 11:55 y luego comienzas la siguiente o te vas a almorzar. Todo es cuestión de planeamiento y preparación.

TRABAJO EN EQUIPO

En una ocasión Tom Peters dijo: "Todo el trabajo se realiza en equipos". Al principio de tu carrera tu habilidad para trabajar con otros y para contribuir de buena manera será la clave para tomar la vía rápida hacia el éxito. Más adelante lo que determinará tu éxito en la vida será tu capacidad de reunir y guiar a un equipo.

Hace muchos años tuve la gran oportunidad de trabajar con una empresa de la lista *Fortune 500*, la cual tenía una excelente reputación mundial en cuanto a la motivación, la autoestima y el compañerismo de sus empleados. Asimismo, su programa de entrenamiento era uno de los mejores del mundo: muchas personas habrían cometido cualquier locura con tal de trabajar para ésta.

Me preguntaron si podría llevar a cabo un seminario de liderazgo para sus empleados. El hombre que me contrató dijo: "Antes de que ofrezca esta plática sobre liderazgo, la cual será un complemento de todo lo que ya enseñamos, me gustaría que leyera nuestra guía sobre el tema".

En esa empresa habían contratado a una de las agencias de consultoría en administración más importantes del mundo. A lo largo de unos dos o tres años llevaron a cabo un estudio con 120 equipos de la empresa que tuvieron logros extraordinarios en la productividad. Estos equipos habían reducido en 80% los costos de fabricación de un producto competitivo, construyeron y echaron a andar una división para un nuevo producto, y convirtieron a la compañía en líder mundial en menos de seis meses. La empresa trajo a los asesores y éstos identificaron cinco cualidades que tenían los equipos más exitosos.

El hombre me dijo: "Quiero darle nuestro manual. Está numerado, firmado y es confidencial. Me gustaría que antes de hablar con nuestros líderes lo leyera para que sepa lo que les hemos enseñado y en qué trabajan día con día. Sin embargo, no tiene autorización para copiarlo y tampoco puede tomar notas de él. Sólo puede leerlo para comprenderlo. Deberá devolvérmelo el lunes por la mañana".

Eso fue un jueves o viernes. Empecé a hojearlo y me dije: "¡Ay, por Dios! ¡Esto está buenísimo!" Pasé todo el sábado y el domingo leyendo el material sin parar, y caminé de un lado a otro tratando de memorizar lo más posible.

A continuación te presentaré los cinco principios clave de los equipos más exitosos, de acuerdo con mi experiencia y con millones de dólares en investigación. Éstas son las claves de un gran éxito.

1. Metas y objetivos claros. El equipo se sentó y habló todo el tiempo que fue necesario, hasta que quedó completamente claro qué era lo que estaban tratando de lograr, hasta que todos entendieron a la perfección cuáles eran los objetivos (mejoras dramáticas en la calidad, reducciones abismales en el costo, expansión de mercados, crecimiento de mercados) y estuvieron de acuerdo en ellos.
2. Valores claros. Los equipos discutieron los valores que usarían para regir el comportamiento entre los miembros: puntualidad, amistad, cooperación, ayuda, responsabilidad por el trabajo asignado a cada uno, mejoramiento de las habilidades.

3. Planes de acción claros. El equipo preguntó: "¿Qué vamos a hacer para lograr el objetivo? ¿Qué hará cada persona para alcanzarlo? ¿Qué contribución se espera de su parte?" Todos sabían de qué manera contribuirían los demás miembros del equipo. Cuando tenían reuniones para discutir el trabajo, todos sabían lo que se suponía que habrían hecho los demás desde la última junta.
4. Dirige la acción. Esta parte estaba destinada principalmente al líder o administrador. Decía que uno guía a la gente por medio de la inspiración. No le dices qué hacer, más bien logras que esté de acuerdo en lo que tú quieres que logren juntos. Éste es el objetivo; éstos son los valores por los que te riges; esto es lo que están haciendo todos para contribuir. La labor principal del líder es asegurarse de que todos tengan lo que necesitan para hacer su contribución: el equipo adecuado, la cantidad de tiempo, la ayuda o el personal necesarios.
5. Revisión y evaluación continuas. Después haces con regularidad un análisis de cómo van las tareas: "¿Cómo vamos? ¿Estamos haciendo un buen trabajo? ¿Estamos progresando? ¿Estamos logrando nuestros objetivos? ¿Todos están llevando a cabo la contribución que se espera de su parte?"

Estos cinco principios se los he enseñado a cientos de miles de gerentes. La gente regresa y me dice que transformó su negocio.

A menos de que todos tengan claridad absoluta respecto a estos temas, la gente empezará a trabajar, con frecuencia arduamente, en actividades de poco valor. No cumplirán con la contribución que deben hacer al equipo, no terminarán su trabajo a tiempo, y cuando vengan a las reuniones no lo harán con puntualidad.

Por esta razón, los equipos discuten de manera constante objetivos, valores y planes de acción claros. Luego empiezan a actuar, revisan con regularidad su programa y se aseguran de ser cada vez mejores en lo que hacen.

La productividad tiene una importancia particular para los vendedores. Es la base para medir los resultados, para saber cuánto se vendió y qué tan satisfechos están los clientes. También determina cuánto te pagan y en qué medida avanzarás en la organización.

Desde 1927 se han hecho estudios sobre ventas y sobre la administración del tiempo de los vendedores. En ellos se ha tratado de averiguar cuánto ganan en general, cuánto ganan los vendedores mejor pagados y el punto de transición entre ventas e ingresos bajos y ventas elevadas.

Los resultados son bastante parecidos. El vendedor promedio trabaja entre 20 y 30% de la jornada, el resto del tiempo lo pasa entrando en calor, preparándose, llegando tarde a la oficina, regresando temprano a casa, y saliendo a comer con sus compañeros. En la actualidad pasan mucho tiempo en la computadora y en internet, pero siguen trabajando sólo dos horas al día. En una jornada de ocho horas, seis se esfuman porque la gente se mueve de un lado a otro, es decir, son tiempo desperdiciado.

Si trabajas en ventas, ¿qué es lo que determina tu ingreso? El número de minutos que pasas en persona con la gente que puede comprar tu producto o servicio en un periodo razonable, y que lo hará. Así que si deseas duplicar tus ingresos tienes que hacer algo muy sencillo. Calcula que actualmente pasas dos horas en persona con tus clientes (éste es el promedio, pero algunos vendedores pasan un poco más o un poco menos). Decide que el próximo mes aumentarás el tiempo que pasarás con ellos: de dos a cuatro horas al día. Esto todavía te deja dos horas para jugar, revisar tu correo y tener comidas prolongadas.

De acuerdo con la ley de la probabilidad, si ganas cierta cantidad de dinero viendo a tus clientes dos horas al día, verlos el doble de tiempo te permitirá multiplicar tus ingresos. Tal vez no sepas dónde se producirá la venta ni cuál de los clientes comprará, pero si duplicas el tiempo con ellos en persona tus ingresos también se duplicarán.

El siguiente paso es volverte cada vez mejor en las tareas importantes. Cuando duplicas el tiempo en persona también se incrementa el nivel de tus habilidades. Después triplica el tiempo con los clientes.

Si quieres ser una de las personas mejor pagadas en el ámbito de las ventas tienes que organizar tu vida para pasar 80% del tiempo en persona con los clientes que tienen la posibilidad de comprarte algo y que lo harán. Ésta es la técnica de administración del tiempo más importante de todas. Domina tus habilidades clave y pasa más tiempo practicándolas en persona con tus clientes.

En cuanto a la medición de los resultados, en el ámbito de las ventas la única medida importante es la cantidad de dinero que ganas, es decir, la cantidad de ventas que generas para tu empresa y el número que tú obtienes y guardas para ti en comisiones, salarios y bonos.

Yo siempre inauguro los seminarios de ventas diciendo:

—Antes de comenzar, permítanme hacerles una pregunta: ¿por qué se levantan en la mañana? —Todos dejan de hablar y yo mismo contesto—: Se levantan en la mañana para hacer más dinero. Van a trabajar para hacer más dinero. No quieren hacer menos y tampoco quieren seguir haciendo la misma cantidad. Quieren ganar más. ¿Están de acuerdo con eso?

Los participantes asienten con la cabeza y yo agrego:

—Entonces, ¿cómo hacer más dinero? —es algo a lo que le llamo HMD—: ¿Cómo *hacer más dinero*? ¿Cómo HMD? *Vendiendo más cosas*. Así es como se gana más. Su tarea es HMD, VMC. ¿Y cómo vender más cosas? Se ven en persona con la gente que puede comprar su producto en un periodo razonable. Esto significa que si no se están viendo cara a cara con el cliente, no están trabajando. De hecho, están desempleados y son miembros inútiles de la sociedad. Si no se ven en persona con los clientes, mejor deberían volver a casa, meterse de nuevo en la cama y cubrirse hasta la cabeza con las cobijas porque no le ofrecen ningún valor ni a su familia ni a nadie más. ¿Están de acuerdo con eso? —les pregunto al final.

—¡Oh! —exclaman, pero se dan cuenta de que es cierto. Si no te encuentras en persona con la gente y le pides que compre tu producto, no estás trabajando, estás desperdiciando tu tiempo y el de quienes trabajan en tu empresa.

Hace algunos años trabajé con un gerente de ventas. Era uno de los mejores del país y se hizo cargo de una de las oficinas con el peor desempeño de una enorme empresa multinacional estadounidense.

Lo primero que hizo fue organizar una reunión matutina.

—Permítanme preguntarles algo antes de comenzar —dijo—. ¿Qué es lo que *no* ven en esta oficina? —los asistentes miraron alrededor para ver si habían quitado los cuadros de las paredes o algo así, pero al final se dieron por vencidos.

—En esta oficina no hay clientes —dijo—: su labor consiste en verse en persona con los posibles compradores y ofrecerles el producto. Por esta razón tienen que salir de aquí y empezar a trabajar, empezar a hablar con la gente.

¡Sorpresa! No hay compradores dentro de tu empresa. No hay nadie ahí que pueda comprarte. Por lo tanto, si estás en la oficina, nadie te ayudará a HMD ni a VMC. Tienes que salir de ahí.

Los vendedores estaban acostumbrados a llegar a la oficina, parlotear sin inhibiciones y beber café hasta las 10:30 u 11:00 a.m. Luego iban a sus escritorios a hacer una llamada o dos, y después se iban a comer. La reunión con los vendedores terminó a las 8:35 a.m. y todos salieron de la sala.

—¿Quién se cree este tipo que es? —dijeron. Incluso profirieron algunas palabrotas.

—¿Alguien quiere ir a tomarse un café?

—Sí, yo te acompaño. Salgamos a la calle, vamos a Starbucks —dijo uno y salió acompañando al otro.

Como esta empresa tenía buena publicidad, buena reputación y algunas pistas interesantes de compradores, otros dos vendedores dijeron:

—Bueno, tal vez iré a mi escritorio a llamarle a un par de mis clientes.

Algunos llevaron a cabo esto último y, ¡sorpresa!, debido a la ley de la probabilidad, hicieron un par de ventas. Al día siguiente llegaron a la oficina y vieron que había desaparecido todo el mobiliario. Sólo había dos o tres oficinas cerradas con escritorios y sillas, pero el resto se había esfumado.

—Ahora ¿qué es lo que no hay en la oficina? —preguntó el gerente.

—No hay mobiliario, desapareció. No hay dónde sentarse —contestaron los vendedores.

—Efectivamente —dijo—. Ayer, mientras ustedes estaban fuera viendo clientes, le pedimos a una empresa especializada que viniera y se llevara todo el mobiliario. Ya no lo necesitaremos en esta oficina porque ustedes no pasarán tiempo aquí. Si vuelven con un cliente, podrán llevarlo a una de las tres oficinas que preparamos. Ahí podrán hablar en privado con él o ella, pero fuera de eso, ya no tendremos mobiliario.

Los vendedores se pusieron furiosos de nuevo porque sus jefes anteriores no los habían acostumbrado a trabajar así. Sin embargo, cabe decir que todos esos jefes fueron despedidos a causa de su bajo desempeño.

—De acuerdo —dijo el gerente—. Ahora vamos a tener reuniones de ventas de 15 minutos todas las mañanas. Vamos a hablar de los principios para vender. Serán reuniones sin sillas, todos estaremos de pie, así que no tendrán que sentarse para tomar notas. Durante 15 minutos cada mañana hablaremos sobre la manera en que podemos vender más.

El gerente empezó a entrenar a los vendedores. Ya tenían buen entrenamiento, pero lo reforzaron a partir de ese momento. Comenzó por preguntarle a la gente:

—¿En qué puntos tenemos debilidades? ¿Qué tenemos que hacer más en el mercado actual?

—Necesitamos ayuda para cerrar el trato.

—Necesitamos ayuda para superar las objeciones —dijeron los vendedores.

—Genial. Mañana hablaremos de eso.

Al día siguiente el gerente empezó la reunión así:

—De acuerdo, hablemos de cómo manejar las objeciones. ¿Cuáles son las más comunes que pone la gente para no comprar nuestro producto?

—Bien, pues nos dicen X o Y —dijo uno de los vendedores.

—¿Alguien tiene la respuesta? ¿Cómo responden a estas objeciones? —preguntó el gerente.

—Siempre que escucho esto digo tal cosa—dijo uno de los vendedores.

—Yo les contesto tal otra —agregó otro.

—Esa respuesta es genial —dijo un tercero, y de pronto comenzaron a tomar notas.

Luego el gerente anunció:

—De acuerdo, son las 8:45, volvamos a trabajar.

De nuestras 2 mil oficinas de ventas, ésta comenzó siendo la número mil. Luego, para fin de año, ya había llegado al número mil. Y dos años después se había transformado en la organización número 1 de la empresa a nivel mundial. Aquel gerente se convirtió en una leyenda en el medio de las ventas de productos de alta tecnología porque logró que todos los vendedores salieran a hablar en persona con sus clientes.

Si tú eres tu propio jefe, tienes que practicar estos principios por tu cuenta. Si en tu oficina no hay clientes, y estás ahí sentado, significa que estás oficialmente desempleado, que no estás trabajando. Eres una pérdida de tiempo para ti mismo y para tu empresa, así que más te vale salir de ahí y empezar a reunirte con clientes potenciales.

VENTAS: LA RECETA DE SIETE ETAPAS

Ahora hablaremos de las siete etapas clave del proceso de ventas: la receta para vender.

1. Prospección. Tienes que encontrar gente que necesite ayuda, a la que le haga falta tu producto o servicio. De acuerdo con la ley de la probabilidad, entre más gente encuentres para hablar, más probable es que al menos una persona compre tu producto.
2. Establecer entendimiento y confianza con la persona con quien hablas. Todas las ventas se hacen con base en la emoción. Esto significa que la gente tiene que confiar en ti, que tienes que agradarle. Si les agradas y confían en ti, también les agradará y confiarán en lo que digas sobre tu producto o servicio, y entonces estarán dispuestos a adquirirlo y usarlo. Por eso tienes que tomarte el tiempo necesario para relajarte, cambiar la velocidad de la conversación y hacerte amigo de tus prospectos. Hazles preguntas sobre sí mismos, sobre su vida, su trabajo, lo que hacen y cómo les va. En todas las relaciones sucede lo mismo: cuando hablas con alguien más, le agradas y presientes que se convertirá en tu amigo o amiga, sentirás un clic. Sucederá algo especial, esa persona sonreirá, se inclinará y dirá: "Bueno, dime, ¿qué es lo que vendes?" Y entonces todo se vuelve muy claro: "Me agrada, confío en usted y estoy interesado en adquirir su producto". Entonces le dirás a la persona: "Bien, pero primero permítame hacer un par de preguntas". Entonces formulas preguntas para averiguar qué hace el prospecto en el área de tu producto y cómo le va. Le preguntas sobre sus objetivos, lo que desea lograr, qué tipo de presupuesto tiene, qué ha hecho en el pasado y dónde espera estar en el futuro. Todo esto para que en verdad entiendas al cliente.
3. La etapa de diagnóstico. Es como un doctor con un paciente. No importa en dónde estés en el mundo, si vas al doctor, lo primero que hará será averiguar lo necesario para dar un diagnóstico tan preciso como sea posible. No es lógico que un doctor prescriba un tratamiento antes de diagnosticarte con minuciosidad. A veces te pedirá que te hagas ciertas

pruebas, pero como éstas se llevan a cabo en otro lugar, tendrás que volver a verlo en cuanto estén listos los resultados. Así que tómate tu tiempo. Considérate un médico de ventas y recuerda que la primera etapa para cualquier médico consiste en hacer preguntas, en diagnosticar la situación del paciente.

4. La presentación. En esta etapa muestras tu producto con base en lo que se ha discutido hasta el momento. Le explicarás al cliente: "Con base en lo que me dijo que deseaba y necesitaba, esto es lo que hará el producto por usted". El cliente no se va a poner a discutir contigo, asentirá como los perritos de juguete que cuelgan en las ventanas traseras de las camionetas pickup. Asentirá siempre que tú hagas la presentación con base en lo que él o ella te dijo que quería y necesitaba.
5. La respuesta a las objeciones. Todos los clientes tienen objeciones. Todos quieren reducir el riesgo de tomar una mala decisión, y por eso te harán preguntas. "¿Qué hay con esto?, ¿qué hay con aquello?" Tu trabajo consiste en estar perfectamente preparado para que, en el momento que objeten algo, estés listo y puedas decir: "Muy buena pregunta".

   Siempre responde a las objeciones diciendo: "Muy buena pregunta, permítame responderla". Entonces respondes y le muestras al cliente que no hay razón para no adquirir tu producto o servicio. Luego dices: "¿Algo más? ¿Tiene alguna otra inquietud?"

   La venta no se cierra sino hasta que el cliente dice: "No, todo me suena bastante bien". Si tratas de cerrarla antes de llegar al punto en que el cliente esté listo para comprar, la arruinarás. Te darán las gracias por tu tiempo, te acompañarán a la puerta, y nunca volverás a ver a la persona. Encontrar el momento oportuno es muy importante.
6. Cierre de la venta. ¿Cómo se cierra la venta? Le pides al cliente que tome la decisión de compra.

Yo me he dado cuenta de que sólo hay cierto número de maneras de pedir que se concrete la orden. Los diversos productos y servicios se venden de formas distintas, pero una de las mejores maneras de cerrar una venta es diciendo: "Bien, si no tiene más preguntas, entonces el siguiente paso es éste". Entonces le explicas al cliente el plan de acción y lo que harás a continuación. "Necesitaré su firma en esta forma de solicitud. Necesitaré que haga un cheque por tal cantidad. Regresaremos a la oficina. El producto estará listo el martes, y el miércoles, como a las 10:00 a.m., un instalador le mostrará cómo usarlo. ¿Le parece bien?"

En otras palabras, explícale el proceso al cliente. A esta etapa también le llamamos hablar más allá de la venta. Decimos: "Si ya no tiene más preguntas, le explicaré cuál es el siguiente paso para comprar el producto. Se hace así. Esto es lo que tiene que hacer usted. Lo instalaremos tal día, y el paso siguiente será tal". Luego le preguntarás: "¿Qué le parece?", y el cliente o clienta dirá: "Suena genial".

7. Segunda venta y obtención de referencias. Le llamamos segunda venta al hecho de venderle al mismo cliente tu producto una y otra vez. La mayoría de las empresas exitosas se basan en la repetición de ventas. Los clientes están tan contentos que vuelven a comprar, y además les cuentan a sus amigos la experiencia.

   La segunda parte de esta etapa es la obtención de referencias o referidos. Un referido es una persona que conoce y respeta a tu primer cliente, y a quien éste le recomendó tu producto. Siempre trata de volver a hablar con el comprador para asegurarte de que esté feliz. Luego pídele el nombre de otras personas que también podrían estar interesadas en tu producto.

Cuando empecé mi carrera no tenía idea de que las ventas fueran algo que se pudiera aprender. Mi primer problema fue establecer el entendimiento y la confianza. En una etapa demasiado temprana de la venta los clientes potenciales me decían: "Gracias por venir, pero no estoy interesado", "Está usted perdiendo su tiempo" o "En verdad estamos muy ocupados hoy", por eso pensé que tenía que encontrar la manera de agradarle a la gente.

Cuando empecé a hacer preguntas, a escuchar las respuestas y a dar seguimiento, los clientes se interesaron en saber lo que vendía y de qué manera podría beneficiarlos. Una vez que dominé esta técnica, que por cierto es tan sencilla que puedes aprenderla en una sola lección de ventas, el siguiente problema fue cerrar el trato y lograr que el cliente actuara de inmediato en lugar de postergar la orden.

Empecé a aprender a profundidad el arte de cerrar una venta. Conseguí todos los libros y programas de audio que pude encontrar, los leí y los escuché una y otra vez todos los días. Anduve en la calle escuchando los programas con audífonos. En mis descansos de la mañana y de la tarde, y cada vez que tenía un poco de tiempo libre, leía los libros y subrayaba las ideas importantes. Practiqué de la manera en que los actores ensayan sus obras frente al espejo, lo hice hasta que pude cerrar ventas como ni siquiera te imaginas.

En los siguientes 12 meses mis ventas se multiplicaron por 10. Me convertí en el mejor vendedor de una organización internacional y empecé a hacer más dinero y a tener más gente de la que jamás pude imaginar trabajando para mí por sobrecostos y comisiones.

Espléndidas noticias: todos los individuos (los tímidos, quienes tienen educación formal y también quienes no la tienen) cuentan con la capacidad de convertirse en excelentes vendedores. Es una habilidad que se puede aprender. Además, 17% de la gente en nuestra sociedad trabaja en ventas. Sus ingresos dependen de manera directa de su habilidad para hacer un buen negocio, obtener el dinero y llevarlo a casa o a la oficina.

Así que, si 17% de la gente puede ganarse la vida de esa forma, también tú puedes hacerlo. Puedes convertirte en una de las personas mejor pagadas del mundo si tan sólo te enfocas en volverte muy bueno para vender. Te aseguro que te abrirá todas las puertas.

CAPÍTULO OCHO

La productividad en las relaciones

Tal vez suene extraño usar las palabras *productividad* y *relaciones* en la misma oración debido a que son dos conceptos muy distintos. Cuando uno piensa en la productividad, piensa en eficiencia, en maximizar la ganancia potencial de cada retroalimentación, y en obtener resultados. Cuando se piensa en relaciones, nos vienen a la mente conceptos como complejidad, sensibilidad, vínculos emocionales y tiempo de calidad. Son dos nociones que parecen muy dispares.

Sin embargo, hay algunos aspectos de las relaciones en los que la idea de la productividad es aplicable y puede mejorar la relación. En otros aspectos no es aplicable e incluso puede erosionar el vínculo. Por todo esto, es esencial entender la diferencia entre estas dos nociones.

Comencemos discutiendo los momentos en que la productividad puede mejorar nuestras relaciones. Esto sucede en particular en nuestra vida profesional, cuando interactuamos con otros en el espacio laboral.

Mirando en retrospectiva todo el trabajo que he realizado en 40 o 50 años, encuentro lo que se llama *relaciones mentales*, en las que dos o más personas se reúnen para compartir ideas y trabajar en pos de una meta en común. Esta meta en común puede ser importante para ambas partes.

El primer día de mi programa de entrenamiento le digo a la gente: "Lo primero que tienen que hacer cuando regresen a casa de este curso es formar su primera relación mental. Busquen a cuatro o cinco personas que trabajen en distintas industrias, invítenlas a unirse a un grupo mental (o *mastermind*) de negocios y reúnanse para desayunar o comer en un restaurante cercano.

"Luego propongan lo siguiente: 'Una de las mejores maneras de avanzar en la vida es compartir ideas con otras personas ambiciosas, agresivas y que están progresando gracias a su trabajo. Reunámonos una vez a la semana y abordemos un tema. Puede ser cómo atraer más negocios, cómo equilibrar el tiempo laboral con el tiempo para la familia o algo más. Compartiremos ideas y lo haremos de manera regular, una vez a la semana. ¿Qué les parece?'".

Puedes tener un grupo mental en que la gente sólo se reúna para pasarla bien o puedes tener un grupo enfocado en un tema específico.

Un amigo mío formó un grupo mental en el que abordaron un libro sobre el éxito. La primera semana todos leyeron el libro y luego se reunieron de 6:30 a 8:00 a.m. en un restaurante cercano. A un miembro del grupo se le asignó que revisara el libro para todo el grupo, luego todos hicieron preguntas al respecto.

Se invitó a más gente a unirse al grupo mental bajo la condición de que leyeran el libro y participaran en las reuniones, así que todo estaba muy claro. Si alguien no pensaba leer el texto, o si durante la reunión era evidente que no lo había leído, le pedían que se retirara.

Los miembros dijeron que su vida cambió para siempre a partir del grupo mental. Todos avanzaron en sus carreras, sus ingresos se incrementaron, su satisfacción aumentó, y fueron más felices. Fue en verdad asombroso. El doctor que organizó este grupo se convirtió en una de las personas más respetadas de su comunidad y también en una de las más acaudaladas.

¿Cuál es el propósito de un grupo mental o *mastermind*? Napoleon Hill descubrió que todas las personas talentosas tenían éxito hasta un cierto grado. Después de que comenzaban a reunirse de manera regular con uno o más ejecutivos talentosos, el crecimiento de sus negocios se disparaba. Había gente como Rockefeller, Henry Ford y Thomas Edison. Todos estos hombres se reunían en grupos *mastermind* en los que había otras personas como ellos.

En mis cursos la gente dice que incluso ejecutivos de alto nivel de sus comunidades a quienes no conocen aceptan participar. A todos les agrada la idea del grupo mental.

El tiempo que pasas con otras personas que pertenecen a distintos ámbitos, pero que también desean tener éxito, es el más productivo que puedes tener. Para muchos esta actividad ha significado la diferencia entre la riqueza y la pobreza, entre luchar y llegar a ser los mejores en su industria.

TUS SERES AMADOS

Tus relaciones en casa y tu relación con tu cónyuge son las más importantes de todas. ¿Cuál es el objeto de una relación con un ser amado? Es muy simple: ser más feliz de lo que serías si no formaras parte de esa relación. Esta relación es para que ambos trabajen juntos de tal suerte que los dos se beneficien muchísimo más de lo que sería posible si su relación no existiera.

Uno sabe que está en una buena relación cuando su ser amado también es su mejor amigo. Sabes que estás listo para casarte cuando te das cuenta de que conociste a tu mejor amigo o amiga. No hay nadie más con quien desees estar, hablar, ir de vacaciones o jugar golf. Es esta persona.

Una relación debe ser valiosa para cada uno de los miembros. Cada persona de la relación tiene el compromiso de ayudar al otro a mejorar la calidad de su vida o trabajo.

¿Cómo se hace eso? Repetiré una idea anterior: el mayor obstáculo entre el lugar en que te encuentras ahora y el lugar en el que deseas estar siempre es un problema de algún tipo. Tu tarea es ayudarle a la gente a identificar los problemas, obstáculos y restricciones que le impiden desarrollar su potencial de manera plena.

Tu tarea como padre es ayudar a tus hijos a desarrollar su potencial, y para eso debes mostrarles cómo superar sus obstáculos, resolver sus problemas y alcanzar sus metas. Tu misión es hacer lo correcto para ellos.

No hay nada más importante en las relaciones que el tiempo. El valor de una relación va en proporción directa a la cantidad de tiempo que pasas con la otra persona. Las relaciones entre los cónyuges y entre los seres amados son plenas de manera directamente proporcional al tiempo que pasan hablando.

Uno de los grandes principios de la administración del tiempo es dejar las cosas apagadas. Deja la televisión apagada, deja la computadora apagada, deja todo apagado cuando regreses de trabajar. Ahora concéntrate cien por ciento en la otra persona. Pregúntale lo que hizo ese día, cómo salieron las cosas y en qué está trabajando. Esto es muy importante. Habla y pregúntale al otro sin esperar a que él o ella te hable y te pregunte.

La mayoría de los hombres, y yo mismo he caído en esta conducta en el pasado, piensa que el día que pasaron en el trabajo es el suceso más fascinante desde que Cristo caminó sobre la tierra. Pero las mujeres también tienen vidas muy interesantes, así que los hombres deberían preguntarles al respecto: "¿Qué hiciste hoy? ¿Y después qué más hiciste?"

Asimismo, las preguntas más importantes para mantener una conversación productiva y trascendente, son: "¿Qué hiciste? ¿Qué hiciste esta mañana? ¿Luego qué más hiciste?" Cuando la persona termina de hablar puede preguntarte a ti, y tú puedes contestar enseguida.

La mejor manera de construir el carácter de tus hijos para que sean fuertes, positivos y confiados es recordar que eres la persona más influyente en su vida. Asegúrate de interesarte de una manera profunda en ellos y de hacerlos sentirse valiosos, importantes y maravillosos respecto a sí mismos.

Cuando regreses a casa por la noche ve a verlos y pasa 10 o 15 minutos preguntándoles sobre su día. En lugar de hablar, que es lo que hace la mayoría de los padres, o de esparcir conocimiento como si fueran gente sabia, sólo pregunta: "¿Cómo te fue hoy? ¿Qué hiciste en la escuela? ¿Cómo va todo? ¿Qué tipo de problemas estás enfrentando? ¿Te puedo ayudar de alguna manera?"

Otra sugerencia: ponte a su nivel físicamente. Si tus hijos están sentados, siéntate a su lado; si están en el suelo, túmbate en el suelo. Siempre es importante mantener el contacto visual al mismo nivel con la gente con la que hablas. En los negocios, en tus relaciones mentales y en cualquier otra situación, asegúrate de hacer contacto visual al mismo nivel porque ésa es la única manera en que pueden comunicarse dos personas.

La productividad en las relaciones significa desear que cada minuto que pasas con la otra persona sea valioso para ambas. Comparte ideas, reflexiones y experiencias. Comparte maneras de resolver y superar problemas, y de evitar o esquivar las restricciones.

Lo más importante en una relación es pensar en términos de los beneficios. ¿Qué beneficios quieres disfrutar al tener una relación con otra persona? Entre más disfrutes una relación, más productiva se volverá y más valiosa será para ti.

La relación que tengo con mi esposa me provee el tiempo más valioso de mi vida. Todo viene en segundo lugar fuera de ella. Pero no sólo pienso esto, también se lo digo todo el tiempo y ella lo sabe sin lugar a duda.

Mis hijos también saben lo relevantes que son para mí porque se los repito todo el tiempo: "Eres más importante para mí que cualquier otra cosa en el mundo". Cada uno de ellos lo sabe y por eso me dicen: "Lo sé, papá, sé que soy lo más importante". En todos los años que hemos estado juntos nunca han tenido duda al respecto.

La productividad en las relaciones implica tomarte el tiempo necesario para aclarar los malentendidos, las dudas y las dificultades, y también implica que seas muy abierto. Yo me considero el mentor de mis hijos y el guía de nuestra relación mental. Trabajamos juntos, hablamos y compartimos nuestro trabajo y habilidades.

Mis hijos tienen que enfocarse en sus ingresos, en su nivel de vida, en sus matrimonios y en criar a sus propios hijos, por eso paso mucho tiempo con ellos hablando de estos temas. ¿Cómo les puedo ayudar? ¿Cómo los puedo guiar, dirigir y abrirles las puertas?

Ellos saben que estoy involucrado de una manera muy íntima con su calidad de vida.

También invierto mucho tiempo en mi relación con sus cónyuges y trato de hacerles sentir que son importantes para mí. Hablo con mis hijos sobre lo maravillosas que son las personas con quienes comparten su vida, sobre la excelente elección que hicieron.

En una buena relación la gente se ríe todo el tiempo. Cuando nosotros nos reunimos no paramos de reír. Los nietos ríen, los hijos ríen y sus cónyuges también. Cuando se habla sobre productividad en una relación siempre digo que la clave es cuánto ríen juntos los miembros.

Como lo mencioné anteriormente, lo más importante para lograr que una relación sea productiva y valiosa es el tiempo que se pasa juntos, el tiempo en persona, cara a cara, cabeza con cabeza, rodilla con rodilla, corazón a corazón. El tiempo que te tomas para hacer preguntas y escuchar. Entre más escuches, más le agradarás a la otra persona, más confiará y creerá en ti, más se abrirá contigo.

Lo mejor que un gerente o líder de un negocio le puede decir a un colaborador es: "¿Cómo te va? ¿Cómo va todo en casa? ¿Cómo va todo con los niños?" Estas preguntas son tan abiertas que pueden producir una respuesta a un nivel profundo de intimidad o una respuesta superficial.

También puedes dar seguimiento. Recuerda esto: si haces una pregunta y no das seguimiento, significa que realmente no estabas interesado en la respuesta. Pregunta: "¿Cómo va todo?", la otra persona te contestará. Entonces continúa: "¿Y cómo sucedió eso?" o "¿Y qué hiciste cuando escuchaste eso?" o "¿Y qué vas a hacer ahora?"

Las preguntas de seguimiento le muestran a la otra persona que estás profundamente interesado en lo que hace o le sucede.

Muchos gerentes piensan: "Estoy demasiado ocupado; no tengo tiempo de andar en cuclillas junto a la fogata para preguntarle al personal cómo le va". Sin embargo, no toma demasiado tiempo. De hecho, preguntar: "¿Cómo va todo? ¿Hay algo en lo que pueda ayudarte? ¿Qué planes tienes para el futuro?", es parte natural de tu vida laboral.

Te daré un ejemplo. En mi empresa he dicho: "Queremos que seas feliz, todos deberían ser felices aquí. Si no estás contento por alguna razón, por favor habla con los gerentes o conmigo y dinos lo que pasa. Nosotros trataremos de cambiar la situación si es posible. No queremos que te sientas incómodo. Si no podemos hacerte feliz o si crees que estarías mejor en otro lugar, entonces por favor ve ahí. Trabaja con otras personas o haz algo distinto".

Con el paso de los años nuestros colaboradores han aprendido que no hay problema en llegar al momento de estar listos para seguir avanzando. Han aprendido lo más posible; llegaron a la cima de lo que podemos ofrecerles. Entonces salen y obtienen otro empleo, y cuando eso sucede los llevamos a comer para celebrar que están avanzando. De esta forma nadie siente que tiene que andar escondiéndose o hablar con la gente ocultándose como si hicieran algo malo.

Nuestros empleados dicen: "Voy a solicitar tal empleo. Si llegara a obtenerlo podría usar las habilidades que ahora tengo, pero a un nivel más elevado". Nosotros respondemos: "¡Genial!" Les damos cartas de referencia y testimonios, los ayudamos en todo lo posible para que den el siguiente paso en su vida. Es asombroso lo feliz que llega a ser la gente cuando sabe que puede ser honesta y abierta con todos, en especial con el jefe. Éste es un ejemplo de una relación productiva.

CONCLUSIÓN

Cómo hacer la diferencia

Una de las preguntas más frecuentes es: "¿Qué tipo de diferencia quieres hacer en el mundo durante tu vida?", porque resulta que todos quieren hacer un cambio, todos quieren ser importantes. Todos quieren ser una persona valiosa, agradarles a otros y ser respetados.

Lo más maravilloso es que estamos diseñados de tal manera que, si haces algo que en verdad te encanta, si trabajas con gente que en verdad te agrada, y si haces tu trabajo muy bien, todas las posibilidades se abrirán para ti. La gente disfrutará de tu compañía, te ayudará a alcanzar tus metas y te abrirá puertas para que seas más valioso y hagas tu trabajo aún mejor.

También es importante que tengas metas personales y objetivos, y que hagas listas. Considérate una persona muy valiosa e importante, y como tal, reconoce que debes organizar tu vida y tus actividades para producir lo más posible para ti y para la gente relevante en tu vida.

Cada vez que hagas algo esencial para ti, que progreses y que te acerques a tus metas, siéntete feliz. Así tendrás más energía, tu autoestima mejorará y tu confianza en ti mismo aumentará. Te repondrás con mayor facilidad de los problemas y tendrás más resiliencia. La gente que te rodea también te admirará y te respetará.

Ésta es tu misión: cumplir tu destino como ser humano. Sólo tú puedes decidir hacerlo. Luego escríbelo, haz un plan y trabaja en él todo el tiempo. Vuélvete el mejor en las actividades que necesites realizar para ser la persona más feliz posible.

«Para viajar lejos no hay mejor nave que un libro».

EMILY DICKINSON

Gracias por tu lectura de este libro.

En **penguinlibros.club** encontrarás las mejores recomendaciones de lectura.

Únete a nuestra comunidad y viaja con nosotros.

penguinlibros.club